百年周家 兩個世界

周奇 著

中國大動盪中一個家庭的悲歡離合

目錄　CONTENTS

CONTENTS

記家族世代悲喜，樹調查報導範例

黃肇松

六十年老友周奇《百年周家兩個世界：中國大動盪中一個家庭的悲歡離合》問世；這是一本新型態的家族史。書名即頗為懸奇有趣，莫測高深。一個家庭通常都建立於一個世界，周奇老家卻因時代因素而分隔成兩個世界，一個在中國大陸寧波，一個在台灣台北。這本是時代悲劇，卻因其後隨著各地不同型態的改革發展結果，家庭成員都能安居樂業，各有發展，把一個家族的時代悲劇銳變成了一個喜劇。

「夫天地者，萬物之逆旅也。光陰者，百代之過客也。」這是唐代詩仙李白寫的〈春夜宴諸從弟桃李園序〉，首段傳頌千年之名句。周奇家族「光陰過客」的悲歡離合，得以獲得紀錄，應始於周奇十歲來台依親求學開始，而逐漸完成於本世紀初他與夫人首訪寧波，並於日後十幾年多次訪問寧波「另一個世界」同父異母的兩位兄長與他們的家人。

在多次的團聚中，周奇梳理起超過半個世紀的流轉更迭，今記錄成書，流傳後代，正是：浮生若夢，為歡在此，意義也在此。

周奇常心懷遺憾，對親友同學坦言：五十八年前，他以第一志願高分考進政治大學新聞系，求學時成績不俗；畢業後，又赴

美完成碩士學位。他曾經一心一意要進新聞界，立志做一位傑出的記者與專欄作家，以「輿論先鋒」、「為民喉舌」為職志。他的一生在這一方面似乎繳了白卷。他自認為當了新聞界的逃兵。

然而，人生的道路本來就是充滿著意外與驚奇。他沒有從事新聞工作，卻在商業印刷這一行發光發熱，創出一片天地。更何況，印刷業也是傳播知識和各類資訊的重要媒介；與新聞界也是一個「堂兄弟」行業。周兄在印刷界的成就也是頗具盛名的。

周奇兄和宛如大嫂的家庭經營也極為成功。他們的公子一先獲得哈佛大學學士與碩士學位，女兒一帆則畢業於加州大學柏克萊分校，主修商學，並於康乃爾大學獲得工商管理碩士（MBA）學位。

當朋友們都欽羨他們的家庭教育成功時，周兄總是毫無保留地歸功於他的夫人劉宛如。宛如是政大地政系高我們兩屆的學姐，他們倆是在美國留學時認識的。結婚之後，大嫂就放棄了自己的職業生涯，全心全意地在家中相夫教子。周兄和我都愛戲稱她為學姐，她也不以為意。她因為提早入學，雖然高我們兩屆，其實年齡比周兄還稍小。的確，如果不是劉學姐，又有誰管得住這個自稱個性反骨又尖銳的周奇呢？我們政大的校訓是：親愛精誠。他們這對學姐弟可真是政大校訓最忠誠的實踐者。他們絕對稱得上是一對模範夫妻。

周奇不是「逃兵」！

雖然周兄謙稱他是新聞界的逃兵；但是這本處女作裡，他辭

誠意懇，寫作結構嚴謹，絕不是一個逃兵能做到的。他詳細述說寧波老家母子三人在抗日戰爭與國共內戰時期的艱苦貧困生活，以及解放後直至改革開放前在共黨社會裡的煎熬與奮鬥。透過他的詳實描述，非但讀者對於他在寧波鄉下家人的遭遇感同身受，他更能在讀者內心引起共鳴。

我很驚喜地發現，我的老友非但沒有忘記他年輕時接受的新聞寫作技巧與訓練，他的書裡更透出了他特有的對於人文關心的情懷與對家人的深厚感情。這一點，他的修養甚至超過一般的職業新聞工作者，因此，我這個沉潛新聞界五十餘年的「老兵」要熱忱地歡迎這位新聞界新的「尖兵」。

周奇的父母親是一切以家庭為重，為家庭付出的慈父慈母；他們不但提供幾個孩子們最好的教育機會，他的父親更在他們的工作上提供一切的協助。整本書裡，周兄都流露著對父母親的無限懷念與感恩。

相對於在台灣平順幸福成長的幾個孩子，周奇在寧波鄉下的兩位兄長卻在時代的洪流裡飽受煎熬。他們在僅讀過四年小學的母親獨力撫養下，在艱苦的環境下受盡折磨，長大成人。他們的母親是周奇父親的原配夫人。因為對日抗戰及隨之而來的國共內戰，造成夫妻與父子的永遠分離。80 年代初期的改革開放才讓兩位哥哥獲得重生；他們不再是有海外關係的「黑五類」，他們的生活也獲得明顯的改善。

2008 年之後，周奇和他的二哥及弟弟多次返回老家與同父

異母的兩位大哥和他們的家人相聚團圓。兩位大哥對於他們以及他們的父母親都毫無怨懟之意。兩岸素昧平生的同父異母兄弟就像是一起長大的親兄弟，相親相愛，毫無隔閡。周兄對於他從未謀面過的大媽媽也是心存孝思，充滿懷念之情。

　　周奇頻繁的返鄉行因為新冠肺炎流行而中斷。2023 年 11 月，他和妻子宛如時隔四年才又踏上返鄉探親之途。這次的返鄉，除了探親之外，他又向兩位兄長對於本書的內容做了進一步的採訪工作，也對本書老家部分的內容做了又一次確認與補充。

　　仔細分析周兄的著書過程；他進行了七次深入的返鄉尋根之旅。對於兩位兄長成長的歲月，以及他們所經歷過的困苦日子，他都仔細地聆聽，設身處地的去體會，並一再地推敲琢磨；這是做深入調查報導的典型發揮。從他的著作裡，我看到了教科書級的報導範例。他非但不是新聞工作的逃兵，我要稱他是立下調查報導寫作範例的新聞工作尖兵。

　　周奇的這本著作使我想起美國華爾街日報於 1979 年派駐北京的第一位特派員，華裔的秦家驄。除了作為一位盡職的特派員之外，他花了五年的時間撰寫了一部完整的調查採訪經典著作：《祖先：一個家庭的千年故事》。這本書裡，他敘述其最早的祖先，北宋詩人秦觀直至秦家驄的父親（即秦觀的第 32 代孫）。他這本書的流傳與價值遠遠超過他當特派員時撰寫的任何報導。

　　秦家驄寫的是千年家族史，周奇寫的則是周家三代的故事。這三代正涵蓋了中國歷史上最為罕見的政治與社會的變革。書寫

這本著作，周奇採用了比較艱難、比較複雜的調查報告方式。他深入地搜集資料並加以梳理，並將人、事、時、地做有系統的整理規劃。他這本著作最終呈現的是強烈的主體性以及鋪陳上的連接性與整體性。

周奇從政大開始就是我的摯友。在校時，他愛跳舞，打麻將及喝酒，剩下的時間才讀書；所以選一樣的課程，我的成績總是比他好。我是苗栗鄉下的農家子弟，他則是都會區的公子哥兒；但是我們「兩個不同世界」的同學卻成了摯交。五十多年來，我們在美國和台灣都交往密切。今日，受邀為他的處女作寫序，我深感榮幸。

停筆之前，容我再次引用李白的詩句：「孤帆遠影碧空盡，唯見長江天際流」，祝福重拾銳筆的好友周奇有如長江之水浩浩蕩蕩，不斷地推出新作。

黃肇松

推薦人簡介

黃肇松自幼愛好寫作，大學就讀國立政治大學，與本書作者為同窗好友。政大新聞研究所畢業後經高考新聞行政科及格，進入新聞局，在局本部及駐美辦事處從事國際傳播十一年；三十四歲轉入新聞實務工作，歷任中國時報社長兼總編輯、中華日報董事長、中央通訊社董事長；並在世新大學傳播學院任教，教授「當前傳播問題」、「調查報導」等課程。

自序

希望後代子孫能了解並珍惜
先人所做的一切努力

我在五十八年前參加台灣的大專聯考，以第一志願考進政治大學新聞系。畢業後，到美國留學，花了兩年，得到新聞學碩士學位。

在這兩段的求學生涯裡，我都是主修編輯採訪與寫作；而且胸懷大志，立志要成為一位立德立言的名記者，專欄作家。然而，在日後的職業生涯裡我卻當了個新聞界的逃兵。

除了在台北的中央通訊社做過幾年特約英文編輯之外，我的職業與編採寫作工作幾乎毫無關聯；四十年前移民美國之後，更與新聞工作完全脫節。

如今，已經脫離職場多年，而且年愈古稀，我卻起心動念，要寫生平的第一本書。

我的處女作，書名是：《百年周家兩個世界：中國大動盪中一個家庭的悲歡離合》。

嚴格說來，我寫這本書，並非突發奇想。2008 年，在一個意外的機緣裡，我首次在寧波市鎮海區偏遠的灣塘村見到了同父

異母卻素昧平生的兩位兄長。那時，我已六十一歲，兩位兄長都已年過七十。

這段兄弟相見的奇緣，我在本書的第二章裡有詳細的記載。在那次初見之後我又回老家與他們團聚了六次。

在我們台灣的家裡，父母親從未向我們提過，在他們結婚成家之前十年，我的父親就已經在寧波鄉下，有了他的第一段婚姻。那是一個承父母之命、媒妁之言，而組成的家庭。父親在媒人介紹認識兩週之後即與大媽媽成婚。

成家之後兩週他們就搬到湖北省，定居武漢，並有了兩個男孩。抗戰時期，父親跟隨他工作的郵局撤退至四川重慶；大媽媽則帶著兩個孩子和我的祖母回到寧波鄉下躲避戰火。就這樣，他們地隔千里，分散了八年。

在重慶，我的父親遇見了一位也是從武漢到大後方的女士；他們相識相愛而組成了父親的第二個家庭，並生了三個孩子。1945 年秋，抗戰勝利，我的父母親回到武漢。父親本欲接鄉下的原配與兩個孩子來武漢一起生活，然而她拒絕了。父親計劃慢慢再說服她；然而，隨之而來的國共內戰與國民政府的潰敗，我的父親與他的第一個家庭就永遠地分開了。

而且，父親帶著我們這一支周家離開大陸之後，他就再也未能回過寧波鄉下的老家。當時的兩岸政府根本不允許人民來往互訪；即使是家人團聚也不例外。

只讀過四年小學的大媽媽就在那個封閉又動盪的社會裡獨力

撫養兩個兒子長大成人。我們的父親在台灣，限於兩岸政府的政策，除了不定時地透過香港親友匯些錢幫助他們之外，對於兩個孩子的養育，他是個完全缺席的父親。

尤有甚者，父親在台灣的那層海外關係，更讓兩個兒子成了「黑五類」的壞分子。他們的生活雪上加霜；在那個極端保守的體制下，兩個兒子求學工作都受到極不公平的待遇。他們過著比常人更艱辛困苦的日子。然而，他們從未自暴自棄，相反地，他們堅持付出比常人加倍的努力，在底層社會求生存。皇天不負苦心人，兩位大哥終於在上世紀七十代末期，等到了屬於他們的機會。

那年，鄧小平推動改革開放，揚棄了行之有年的「唯成分論」，兄弟二人終於得到了應有的認同與肯定。兩人先後當上鄉、村企業的廠長，更被遴選加入了共產黨。而且他們都養育了自己的兒女及孫輩，如今他們都已成為曾祖父，真可算是苦盡甘來，兒孫滿堂，安享天倫之樂。

相較之下，在台灣的周家孩子們成長的過程則平順得多。我們兄姐弟五人在父母的照顧下，一直都過著衣食無虞的小康生活。父母親提供我們完整的教育機會，大學畢業後還送我們每一個人都到美國留學。比起寧波老家的兩位大哥，我們真像是天之驕子啊！

每一次回到老家，踏著父親年幼時曾走過的鄉間小道，與兩位哥哥一起回顧他們的一生，總覺得趣味無窮而且感慨萬千。兩

位大哥哥自幼年起即與單親媽媽相依為命，受了比旁人更多的苦，然而，他們對於我們的父母親卻絲毫沒有一點怨懟之心。他們對於父親的思念與仰慕，更是深深地感動了我，也引我起心動念，決定提筆書寫平生的第一本著作。

我希望，透過這本書，周家的後代子孫，無論貧富、無論苦樂，都能了解並珍惜我們先人所做的一切努力。因為他們的堅忍，奮鬥與犧牲，才有今天我們兩岸周家後代人的成長與發展。

就如同許多其他的寧波人，父親在幼時就隨著他的父母親遷居武漢，並在那裡求學、工作並成家。抗戰時期父親在重慶成立了第二個周家。國共內戰之後，父親帶著我們武漢這一支周家輾轉遷往台灣，後來又移居美國。寧波的周家則固守在灣塘溪畔的灣塘村，度過幾十年的艱苦歲月，直至改革開放才獲得新的生命，並開枝散葉，將灣塘周家延綿了五代。

如今，在太平洋兩岸的寧波周家已經各自長成為兩棵茁壯的大樹。周家的兒孫們又團圓在了一起，相互友愛，彼此祝福，一起緬懷我們的父親和兩位偉大的母親。

藉由這本書，我要向為我們付出一切的父母親獻上最深切的懷念與感恩，也要向從未謀面的大媽媽致上我最崇高的敬意與最深重的哀思。

我也祈望，兩個世界的周家後代在我們父母親的護佑下，秉持著周家「勤奮努力，寬厚待人，愛家顧家」的傳統家風，繼續努力成長，直至永遠。

第一章

———

緣起

　　我是一個五十多年前台灣政治大學新聞系的畢業生，一個放棄新聞工作的逃兵。2008 年，當我年過耳順之際，卻因弟弟的一次尋根之旅，揭開了父母心中一直隱藏著的一個大秘密，讓我認識了兩位素昧平生，生活於另一個世界，同父異母的大哥哥。在那之前，我們兄弟們從不知道爸爸生前還有另一個家庭，而且在寧波鄉下，我們還有兩位兄長。

　　2008 年，在我們暮年之際，太平洋兩岸的兄弟們，終於相見。命運的作弄，令爸爸和大媽媽的兩個大兒子和我們這邊的六個兒女地隔千萬里，幾十年都無緣相見。然而，命運的機緣，卻讓我們神奇地相識相聚，並且建立起濃郁的兄弟情誼。

　　兩位大哥哥自幼年起的艱苦生活，和一輩子對父親的思念與仰慕，深深地感動了我，也引我起心動念，提筆書寫生平的第一本書。

　　這不是傳記，也不是小說，更不是什麼文學創作。我只是想將我的父親在寧波和台灣的兩個家庭，因為戰亂所經歷的生活起伏、苦樂，留下一個忠實的紀錄，以遺子孫。透過這本書，我想讓周家後人了解：國難之下，我們先人的顛沛流離與生活不易。尋根團圓是一個偶然的機緣，卻也是我們這一代周家人的至高喜悅。

戰亂分隔了周家

　　1911 年，辛亥革命後一個月（農曆 10 月），我的父親周文質誕生於戰亂中的武漢，並在那裡成長。十九歲那年，奉父母之命、媒妁之言，回到寧波老家娶了他的第一位妻子戴曼麗，也就是我的大媽媽。蜜月之後，他們回到武漢定居，生下兩個兒子（周中和周平），過了幾年平安幸福的日子。

　　抗戰軍興，1938 年日軍攻佔武漢前夕，父親隨著他工作的郵局遷往大後方陪都重慶；大媽媽則帶著兩個兒子和爸爸的小妹，陪侍婆婆（我的祖母）回到寧波鄉下躲避戰亂，直至戰爭結束。他們本以為從分離到重聚大概只是兩三年的事，誰料到，這一別就是八年。而在重慶的父親，遇到了同是來自武漢避難的寧波同鄉：我的媽媽王文娟。他們因相愛而結合，組成了當時所稱的「抗戰家庭」。1945 年抗戰勝利，他們帶著三個孩子（兒子周晴、周鍊和女兒周南）回到武漢，並在那裡又添了三個兒子（偉儀、周奇和周倜）。

　　1946 年夏天，父親回到寧波老家，與家人團聚，並要接大媽媽和兩個兒子一起到武漢，但是大媽媽拒絕了。因為她怕兩個家庭在一起生活，會造成矛盾，讓父親為難。

　　那年開始，國共內戰爆發，國民黨部隊一路潰敗；1949 年共產黨在北京成立新政府。次年，國民政府撤守台灣。我們在武漢的這一家人，於 1950 年隨著父親先遷居香港，兩年後輾轉遷到台灣，父親與寧波的家人從此就永久地分隔在兩個世界了。

　　大陸解放後的三十年裡，共產黨政府不斷進行各種整肅運動；三反、五反、大躍進、文化大革命等等。一波接一波的政治鬥爭，不間斷地造成社會動亂，使得大陸人民普遍過著貧窮、動盪不安的日子。

　　留在寧波的周家，兩個兒子靠著僅讀了四年小學的單親媽媽獨力撫養，生活本已極為艱難；加上父親在台灣，兩個兒子成了黑五類，求學、工作都遭到極不公平的打壓。因為繳不起學費，兄弟二人都在初中畢業後就被迫輟學。

　　在台灣的周家，我們幾個孩子們，跟著父母親，在平順的環境裡，過了幾十年雖不富裕，卻不虞匱乏的日子。我們都接受了完整的教育，而且都出國留學得到碩士、博士學位後，移居美國。

　　遺憾的是：父母生前從未對我們提起在寧波的另一個周家。直到 2008 年，父親去世了二十八年，母親也去世三年之後，一個偶然的機緣，才讓海峽兩岸的周家後代，在父親的家鄉寧波市，鎮海區，灣塘村相聚。

　　那次的相聚，不僅將兩岸的兄弟聯繫起來，更讓我們發展出深厚的兄弟情誼。當年初見時，我已六十一歲，老家的大哥更已經是七十五歲高齡了。兩地的兄弟們，顯然有著截然不同的成長環境與經歷。在父母的呵護下，台灣的弟妹們過著無憂無慮的日子；而在老家的兩位哥哥，則靠著他們的母親做裁縫，艱難地撫養成人。儘管生活經驗上毫無交集，但是，兩岸兄弟的血脈親情卻血濃於水，一見如故。

　　度過了三十年的動盪，大陸於 1979 年開始採行改革開放的政策。「改革開放」，這個今天人人都熟知的名詞，為大媽媽和兩位哥哥的生活，賦予了嶄新的意義與力量。他們不再是黑五類，他們終於能過上正常人的生活，他們的兒女與孫輩也都能進大學，過上了比他們父輩好得多的日子。

　　在我們上一輩的時代裡，因為戰亂動盪而造成的破碎家庭，比比皆是。每個家庭遭受的苦難或深或淺，但是生活的顛沛與艱苦，卻是上一代中國人共同的記憶。透過這本書的記述，我希望能為懸隔地球兩端的周家後人，留下一個完整的紀錄。無論貧富、無論苦樂，我冀望周家的子孫都能了解並珍惜我們先人所做的一切努力。因為他們的堅忍，奮鬥與犧牲，才有今天我們兩岸周家後代人的成長與發展。

父母之命、媒妁之言，爸爸的第一個家庭

　　1930 年，在父母之命、媒妁之言的安排下，父親從武漢回到寧波鄉下與大媽媽相親認識並結婚。婚後在鄉下度了不到一個月的蜜月，他們定居於武漢。1938 年 10 月，日軍攻佔武漢前夕，父親隨著他工作的郵局遷往重慶，大媽媽則帶著婆婆和兩個稚齡的兒子回到寧波老家，從此她就未曾離開過寧波。

　　那次的分離，一直到 1993 年，她在寧波辭世的五十五年裡，大媽媽和父親僅共同生活過五天。那是在 1946 年夏天，抗

戰結束後一年，父親回到寧波老家，想要接她與兩個兒子回到武漢共同生活。但是，為了避免父親在兩個家庭間為難，大媽媽決定留在灣塘村與兩個兒子相依為命，獨自一人將兩個孩子撫養成人。

從 1938 年在武漢分離，經過八年的等待，她終於盼到了1946 年夏天丈夫回寧波老家的團聚。誰料到，那次寥寥數日的團圓卻將她推進了一個更漫長的等待與無止境的孤獨。那次分離之後，她再也沒有見過丈夫；去世後，她也未能與她守候終生的丈夫合葬。思念及此，對於永眠地下的大媽媽，我不禁興起了更深的哀思，淚眼益發模糊了。

我的祖父像許多寧波人一樣，年輕時就離鄉背井到外地做生意。他在武漢開了間「悅來海產行」，父親就一直跟隨他的父母生活在武漢。1930 年農曆 10 月，十九歲生日前，當時已在武漢工作的父親，在他的祖母和母親的安排下，回到家鄉，與大媽媽剛剛認識了幾天後，就奉命成了婚。那是一椿舊社會裡奉父母之命、媒妁之言的婚姻。婚後，兩人在鄉下探訪親友，度過了一個月的蜜月假期。

婚後，兩人回到武漢；三年後迎來了長子周中（乳名寧武，寧波人出生在武漢之意）；再兩半年後，又添了次子周平（乳名寧江，因為他出生於漢口市江漢關對面的家裡）。他們就是爸爸兩次婚姻所生八個孩子中最年長的兩位。

在結婚之前，父親在祖父的堅持下，讀完高中二年級就輟學。因為祖父希望他繼承家裡的生意。然而，爸爸並未順從祖父

的意願，繼承家業「悅來海產行」。他考進了當時很熱門的郵局，並憑著學校和自修學習的英文能力，被分發到國際包裹房工作，晚上則幫忙海產行結算帳目。這個小家庭度過了幾年忙碌卻幸福的安穩日子。

日本的侵華戰爭，給中國人帶來了全面的災難，破壞了一切的美好。如同當時許多中國人的家庭一樣，這個幸福美滿的小家庭，被殘酷的戰爭拆散了。整整八年，除了偶爾的家書外，一家人過著妻離子散的日子。1938 年 10 月，日軍佔領武漢的前夕，

爸爸與大媽媽新婚後在寧波鄉下遊歷（圖左為大媽媽的妹妹）。這是爸爸與大媽媽唯一留下的一張合照。

為了便於與丈夫通信聯絡，大媽媽於 1939 年遷往上海。大哥哥與二哥哥 1940 年初在上海照的一張相片。寧武寧江兩兄弟當時穿得好有派頭，好帥氣。

父親隨著工作的郵局撤退到後方重慶；大媽媽則帶著她的婆婆和兩個兒子回到寧波鄉下躲避戰亂。那時，長子周中還不滿五歲，次子周平才剛滿兩歲。

這是 1939 年 10 月，父親寫給大媽媽的家書：

今天，武漢淪陷一週年了，在大武漢淪陷前夕，我離開了我生活十多年的第二故鄉，我拋棄了我的事業，別離了相知相愛的朋友，慈祥的母親，流浪到這個偏遠的山城。因此，我離開故鄉更遠；在那裡有我朝夕不忘的兩個小寶貝，相親相愛的妻，愛我的高齡祖母，心愛的二妹以及朝夕盼我上進的岳父母。我又憶起我最慈祥的母親，為了兒女的衣食，她老人家不畏旅途的荊棘勞累，冒著萬分的危險，回到老家……母親，您太苦了。母親，家，第二故鄉，親友，兩個小寶貝，一切的一切……，哪年哪月才能又像去年一樣團圓在一起呢？

根據大哥哥轉述大媽媽的回憶：父親曾於 1939 年從重慶寫信回家，希望她帶著兩個孩子到重慶團聚。但是，由於當時對日抗戰方殷，遍地烽火；而且，這個近兩千公里的旅程需要穿越日軍佔領區和封鎖線，極端危險。在家族長輩的勸阻下，她才決定和孩子留在寧波。

從此，這對年輕夫妻就地隔兩千公里整整分開了八年。開始兩年，還經常有家書往返，但是隨著戰事惡化，連通信都被迫中斷，父親也無法按時寄錢接濟家用了。

自由戀愛，爸爸的第二個家庭

離開武漢之前，祖父的一位好友（也就是後來我的外公），請父親到重慶後，幫忙照顧他去後方避難的女兒。到了重慶後，父親與那位小他九歲的女孩因為經常相處，漸漸產生了感情，因為相愛而結合，父親組成了他的第二個家庭。

從現在的觀點來看，這是自由戀愛的結晶。在動亂的抗戰時期，他們結了婚，並於 1941 年在重慶生了第一個男孩取名周晴，一年半後加了一個女兒周南。後來，父親因為工作調動遷往成都；1944 年春天，他們又生了一個兒子周鍊。1945 年 8 月，抗戰勝利後，父親帶著他的「抗戰夫人」和這個新家庭成員回到武漢；那時，母親也已經懷著我的三哥。

1946 年初，三哥在武漢出生時，媽媽感染瘧疾，一度病危。民間傳說：「出養可以度厄」。於是，爸媽將他過繼給我們的小舅，希望孩子能夠順利成長。當時，小舅家只有一個女兒，過繼一個兒子給娘家，也是外婆的心願。1947 年和 1948 年，家裡又添了我和小弟周侗。回到武漢之後，爸爸轉業到郵政工會工作。

在武漢安頓下來後，爸爸又與寧波鄉下的老家聯絡上了。1946 年夏天，父親帶著滿懷的歡欣卻又忐忑不安的心情，回到寧波老家，與他的母親、妻子和兩個兒子重聚。闊別八年之後，一家人享受了幾天團聚、溫馨，幸福又珍貴的日子。

祖母還邀約了族裡長老和親友一起歡宴慶祝。席間，父親還在鄉親面前讚揚大媽媽「敬老扶幼，把持好家庭」。八年來，獨

1940 年我的父親與母親於抗戰時期在重慶的幾張生活照片。

1942 年春天在重慶，父親抱著他和我媽媽的大兒子周晴。那時我的大哥才剛滿半歲。

1946 年底，爸媽和我的大哥、姐姐及二哥在武漢中山公園。

力養育兩個兒子，又服侍婆婆的大媽媽，聽到這個晚來的贊美，不禁悲從中來，淚流滿面。

　　父親在家裡的那幾天，每天帶著兩個孩子在鄉里探親訪友，並帶著他們在家門口的小溪裡游水，還講了許多抗戰時後方的故事。那是兩個孩子懂事以來，第一次感受到父親的疼愛與照顧。那幾天與父親在一起的生活，在兩個孩子的心裡留下了永生都不能忘懷的回憶。

　　1938 年分開時，大兒子寧武還不滿五歲，小兒子寧江才兩歲。這次爸爸回來，寧武已經滿十二歲，寧江已經快十歲；這也

是他們懂事以來，第一次親身感受到父愛。父親帶回來許多好吃的糖果餅乾、新衣服和玩具，兩個孩子有父親在身邊呵護，真是開心極了，幸福極了。

大媽媽更是與丈夫有講不完的離情，這是他們歷經八年戰亂的分離後，一家人最歡樂、最滿足的日子。只是，這個等了八年的家庭團聚，卻像是曇花一現，僅僅維持了短短五天。

大媽媽痛苦的抉擇　　

當時，父親原本計劃帶著大媽媽與兩個兒子回到武漢一起生活。然而，因為她得知丈夫已有另一個家庭，擔心兩個家庭生活在一起，會造成矛盾與衝突；她也擔心兩個在鄉下成長的孩子，會不適應武漢這個大城市的生活。經過輾轉的思考，大媽媽拒絕了丈夫的安排，選擇自己帶著孩子留在鄉下。

她決定留在鄉下獨力撫養兩個兒子，並沉痛地叮嚀丈夫：「希望你不要忘記我和兩個兒子才好。」父親無奈，只能尊重妻子的選擇；誠懇地做了承諾，隻身離開寧波老家，回到武漢。

哪知，大媽媽那份成全他人的善意，和不與人爭的美德，在時局的變化和命運的作弄下，卻造成了她和丈夫終生的分離，也令兩個兒子在往後成長的歲月裡，永遠失去了父親在身邊的呵護與養育。那短短幾天與父親在一起的幸福日子，成了兩個孩子終身甜蜜又苦澀的回憶。

　　七十多年後，大兒子寧武仍然清晰地記得：父親離家時，一家人依依不捨送父親到碼頭的離情和母親悲戚的眼淚。那時，灣塘尚無公路交通，兄弟兩人就隨著媽媽乘坐小木船，送爸爸到寧波搭乘大船到上海再轉往武漢。

　　他們也不懂：為什麼爸爸這麼久才回家一次，怎麼一下子又要走了？他們問媽媽：爸爸什麼時候再回來？媽媽總是搖搖頭，不願意多說。她當時心裡的苦楚，又怎麼會是兩個年幼的孩子能體會得到的呢？對丈夫的無窮思念，就像附骨之蛆，終身緊緊地附著在她的內心深處。

　　當時父親的想法是：只要時局穩定下來，多等一些時間撫平妻子的情緒，一切都可以從容安排；等他安排好一切，再來寧波接一家人到武漢團聚。誰知道：隨著國共內戰的爆發，國民黨全面潰敗，共產黨席捲大陸，那次的分離，竟成了夫妻、父子間終生的訣別。

　　往後的歲月裡，大媽媽和兩個兒子也都曾多次到過寧波港那個碼頭搭船去上海。每次經過那個碼頭，人媽媽都會不白覺地在當年與丈夫分手的那塊地方佇立觀望片刻，似乎想要捕捉或等待什麼；但是，那一刻再也回不來了。

　　在兩個兒子的記憶裡，母親對於父親總是充滿思念，也總是默默地冀望著：有一天，一家人又可團圓，老天能給自己和孩子們一個完整的家。命運的作弄，卻讓這個卑微熱切的心願慢慢地離她越來越遠，終至幻滅。

　　在那個戰亂的年代裡，這樣妻離子散的家庭悲劇，發生在千

千萬萬個中國人的家庭裡；寧波的這個周家，就是一個典型的例子。但是，對於大媽媽與兩個兒子，這卻不是一個悲情故事的場景，而是一個漫長的等待和日復一日、年復一年的煎熬與折磨。

父親離開寧波，轉往上海，然後隻身乘船回到武漢。後來通過考試進入美商標準美孚煤油公司，當時美孚煤油是全球最大的石油公司。由於工作努力，深得上司賞識，短短三年，父親就升任了美孚華中分公司的經理。當時，公司還計劃調他到西安擔任西北區總經理。

那時父親收入豐厚，一方面在武漢養家，一方面則定期寄錢回老家；在經濟上，盡力照顧留在寧波的母親、妻子和兩個孩子。大媽媽一家人在鄉下，倒也過上了三年衣食無憂的日子。雖然不能每天陪伴妻子和親身照顧兩個孩子，但父親卻兌現了他對妻子「我不會忘記你們」的承諾。

暫時的分離成了夫妻、父子的永別

好景不長，1947 年內戰局勢急劇變化，短短兩年，情勢急轉直下，解放軍徹底擊潰國民政府軍隊，於 1949 年 10 月 1 日在北京建立了新政府。幾個月後，國民政府輾轉撤退到台灣。

那時，由於美籍的總經理被調回國，父親於 1950 年初接任美孚石油公司華中區總經理。剛開始的幾個月，美孚公司的營運仍然維持正常；支持蔣介石政權的美國政府，也未立即與共黨的

新政府決裂。然而，繼之而來的韓戰（也就是大陸通稱的抗美援朝戰爭），導致中美兩國政府的關係徹底破裂，外交關係斷絕，美國並祭出全面經濟制裁。美孚公司結束營運，父親失去了工作，被迫帶著在武漢的家庭遷居香港。由於時局動亂又急迫，父親也來不及安排在寧波的家人同行。

到了香港後，父親進入美孚香港分公司任職。當時全國各地區的經理人員都到了香港，分公司的職位有限，父親並沒有得到很理想的職位。剛到香港的兩年裡，父親仍然與家鄉的大媽媽保持聯絡，除了家書與照片外，父親也偶爾寄些錢回家幫忙家用。

剛到香港的時間，由於語言不通，港人對於不會粵語的外來人並不友善，所以爸爸在工作上和孩子們在求學的生活上，也有些適應的問題。好在孩子們年紀小，學業很快就跟上了，他們也學會了廣東話。

那時，爸爸媽媽先安排大哥、姐姐和二哥就讀住家附近的燕南小學；後來又將他們轉學至離家很遠的新界孔教學院附設的大成小學。那是當時極富盛名的小學，爸爸對於幾個小孩的教育，從小就非常注重。

由於當時香港難民泛濫，社會不穩定，父親的工作也不順利。兩年後，父母親決定先由媽媽帶著孩子們遷居台灣。半年後，父親離開了美孚公司，也去了台灣，一切重新開始。

由於當時兩岸隔絕，台灣的國民黨政府禁止人民與大陸通信；加上父親剛到台灣，一時也沒有找到工作，與寧波家人的通信與匯款也都停止了。爸爸在寧波的母親、妻子和兩個孩子的生

活也都陷入了困境。命運弄人，1946 年初夏的那次分離，竟然
將一家人永遠地隔離在兩個世界。

一個家庭兩個世界：寧波與台灣

　　爸爸在寧波和台灣的兩個家庭，就這樣分處在兩個世界裡，
在截然不同的政治制度下，過著截然不同的生活。

　　到台灣後，國民黨受到大陸失敗的教訓，勵精圖治，大力發
展經濟建設，社會相對穩定。在這個安定繁榮的社會裡，我們幾
個兄弟在父母親的呵護下，過著雖不富裕但卻相對安定、衣食無
虞的小康生活。然而，小學都未讀完的大媽媽卻留在鄉下，獨力
撫養兩個兒子，獨力經歷了三十年貧困又動亂不安的日子。

　　1950 年代初期，中國共產黨在國內開始進行不斷的整肅鬥
爭。先是反右肅反，接下來又是三反五反，加上韓戰（抗美援朝
戰爭）帶來的巨大軍費負擔，國內人民普遍都過著貧困又不安的
生活。在寧波鄉下的周家當然不能倖免，再加上丈夫、父親在台
灣的黑背景，一家人遭受到無止境的歧視和磨難，他們過著比一
般人更加艱難無助的日子。這種永無休止的艱苦歲月一直維持到
1979 年底，大陸政府開始實施改革開放政策，他們的處境才終
於獲得紓緩，生活得到改善。

　　抗戰年代，大媽媽母兼父職，獨自帶著兩個稚子，在鄉下做
點小生意，維持家計。她發揮了寧波人會做生意的天分，在農家

批點白米到市集販賣；靠著那點蠅頭小利，為一家人謀得個喝稀飯配野菜，半餓半飽的日子。

抗戰勝利之後，父親在武漢工作順利，收入豐厚，經常寄錢回家，他們的日常生活得到很大的改善。然而，我們一家人遷往台灣後，父親與寧波家裡的通信中斷而且匯款也不能進來。大媽媽帶著兩個兒子在三反五反、大躍進、三年大災荒、文化大革命等等，幾無間歇的政治與社會動亂裡困苦地求生存，艱難地活著。無論他們如何努力，一重重的磨難總是像排山倒海一樣地衝擊著他們。

1979 年，鄧小平實施改革開放的政策，一家人的生活才得到實質的改善。過了十年安定的日子，大媽媽從八十歲起，身體逐漸衰弱，晚年一直被頭疼的老毛病困擾，而且患有輕度的失智。1993 年，她在兒孫們環侍下離開人世，享年八十三歲。

大媽媽叮嚀兒孫們要做堂堂正正的周家人

常有人將一個家庭比作成一棵樹。幾十年來，小學都未畢業的大媽媽在先天不足的條件下悉心栽培那棵樹。儘管經過從不間斷的風吹雨打，飽受風霜，那棵樹卻艱難、挺拔地活了下來。大媽媽用她畢生的心力灌溉著周家在寧波鄉下的這棵樹，讓它成長，開枝散葉，長成了一棵屹立不倒的大樹。

大媽媽從三十多歲起，靠著做裁縫養家。到了 1980 年，兩

個兒子都當上了工廠領導，家計才不需要她操勞。但是，忙碌慣了的她，仍然不肯停下，工作到 1980 年，她七十歲時才退休。她比一般國內的女性工作者整整多做了十五年。退休後，她和兒孫們住在一起，幫忙帶孫輩，度過了一個幸福的晚年。

大哥哥記得：她的母親很注重他們的教育。1947 年小學畢業後，就請小姑姑帶他到寧波去考初中，他考取了寧波私立浙東中學。在學校時，他最喜愛、最傑出的課目就是數學。

1950 年，浙東中學改為公立寧波四中。大哥成績優良，免試升級到高中一年級。如果用今天的標準來看，那是一所重點高中，然而，才讀了一年，因為交不起學費而被迫輟學了。一年後，弟弟也考進這所高中，後來也因為繳不起學費而輟學。

因為父親在台灣，兄弟二人成了黑五類分子；他們在求學、工作上都飽受歧視與打壓。一直到 80 年代改革開放後，國內揚棄了行之有年的「唯成分論」，他們的工作才得到肯定，憑著自身的才能與努力，僅有初中學歷的他們分別成了鄉辦、村辦企業的廠長。

一直到晚年，大媽媽都一再教導兩個兒子和孫輩們，一定要堂堂正正地做人，不可壞了周家的名聲。大媽媽二十歲就嫁進周家，做了六十多年的周家媳婦，一輩子沒有過上幾年好日子。她對周家的付出卻是全心全意、終身不悔的；但是，周家能給她的卻是少之又少、那麼的微不足道。

1946 年爸爸離開寧波之後，就再也沒有見過他的年邁老母和日夜期盼他回家的妻子和兩個兒子。

第二章

隔離六十年，
兄弟終於團聚

　　周家在截然不同的兩個世界裡生活成長；雖然苦樂有別，但是，爸爸在兩個世界的孩子們都先後組成了自己的家庭，也有了自己的孩子和孫輩。他的大兒子寧武甚至已經添了一位可愛的曾孫女，二兒子寧江也有了一位曾外孫。

　　遺憾的是，我們在台灣時，爸爸媽媽從未向我們提起過在寧波的另一個周家。所以，我們從來都不知道在寧波鄉下那個偏遠的灣塘村，還有一位比我們的媽媽更早九年就與爸爸結婚的大媽媽和兩位血脈相連的兄長。

　　這個持續了六十多年的隔離，一直到了 2008 年，才因一個神奇又戲劇性的事件，將我們在兩個世界的周家人連接到了一起。

　　這個連接分隔在兩個世界的周家兄弟的大橋，竟然是因為我們八個兄姐弟中最小的弟弟周侗，一個失敗的尋根之旅而搭建起來的。

小弟開了一扇門，搭了一座橋

　　我們家的么弟在大學和碩士班的學習專業都是化學。他一直是爸爸媽媽最疼愛、最寶貝的么兒子。我們幾個兄長也都愛跟著媽媽叫他的乳名「侗寶」。拿到碩士學位後，他先後在美國幾家大規模的輪胎和化學公司做化學工程師。

　　1950 年，父母親帶著一家人離開武漢時，他才兩歲，對於自己的母國和家鄉，可說是毫無印象，也沒有太多的牽連；然

1950 年小弟周倜離開武漢之前與母親在住家的院子裡
合影；那時他才剛滿兩歲。

而，長大之後，他在心裡卻對遙遠的故鄉滋長出一股濃厚的嚮往和依屬感。連他自己也沒有想到，他竟成了搭建這座連接地球兩端周家大橋的工程師。

我們在台灣的一家人，身分證的籍貫一欄都寫著「浙江省鎮海縣」。我們只知道鎮海與寧海，鄞縣和奉化一樣都是古時候寧波府管轄下的一個縣。與別人提起「我是寧波人」，常常就被人說：「那你一定很會做生意吧！」也有人說：你是蔣介石（寧波奉化縣）的同鄉耶！我也沒什麼感覺，只是笑笑而已。偶爾也會覺得寧波是個地靈人傑的地方，心中有一絲絲的得意。

對於寧波，這個我出生以來，就籍貫隸屬卻又完全陌生的地

名，我沒有什麼感覺，也沒有特別的歸屬感。直到 2008 年，一個偶然的機緣下，寧波才進入了我的生活，也在我的生命裡產生了深重又有意義的印記。

　　那年春天，在美國俄亥俄州工作的小弟周侗利用到上海出差的閒暇，在一個週末的上午，他搭車來到鎮海。他希望能嗅到一點故鄉的氣息，感受一下爸媽出生的地方，順便打聽一下我們的老家。

　　那天，他搭乘上海分公司的車到鎮海，在鎮海火車站附近打聽我們的老家灣塘村，居然沒有人聽過這個地名。他在鎮海四處看看，遊了幾個景點，這個沒有周詳計劃的尋根之旅，就草草結束了。他悻悻然地回到了上海。我們在美國的六個兄姐弟中，他

小弟周侗 2008 年春天到寧波市鎮海區，進行他第一次的尋根之旅。沒有找到灣塘村，他就在市區街上照了張鎮海街景，算是到此一遊。

第一個回到寧波。雖然沒有找到灣塘村有些失望，但是他到了鎮海，知道自己到過這個父母親出生地的縣府，他仍然有一絲絲的滿足。

回到上海後，他與住在上海的表妹李一葦約了一起吃晚飯。席間，提起那個失敗的尋根之旅，哪知道，表妹卻突然冒出一句：「你都已經知道了啊？」他被怎麼一問，感到有些莫名其妙，說道：「知道什麼啊？」沒想到，表妹居然說：「你爸爸在寧波鄉下還有一個家，而且你們還有兩位大哥哥在老家。我外婆和媽媽（也就是我們的祖母和小姑姑）都交代我們不要講出來。」弟弟得知這個「驚天的大秘密」後，立刻從上海打電話給住在洛杉磯的我；我一聽到這個消息，馬上興奮莫名，興起一股要返鄉探親，會會兩位大哥哥的衝動。

我先打電話去上海，從表妹那裡取得兩位哥哥的電話號碼後，馬上打電話給老家的大哥哥。打電話前，我還真有些猶豫，不知道該講些什麼。

電話接通後，我緊張地介紹了自己，沒有想到他對我們一點都不陌生。彼此問候了之後，我說想回去看他們。他的普通話帶著很重的鄉音，我的寧波話又不靈光；但是，我們溝通無礙。我和他約好，那年秋天我去寧波看望他們。

那通電話之後，讓我興奮了好多天；後來兩位哥哥告訴我，他們一大家子人也都非常興奮。我把這個消息告訴在美國的姐姐和哥哥們，他們也好高興。爸爸媽媽生前不讓我們知道的秘密，竟意外地被我們破解了。原來，我們在寧波鄉下還有兩位素昧平

生的大哥哥！

那年十月，就在北京奧運之後，我帶著妻子宛如回到寧波老家，見到了素未謀面的兩位大哥哥和他們的家人。就這麼一個奇妙的機緣，經過半個多世紀的隔離，素昧平生的親兄弟們終於相逢了。

雖然時近一甲子、地隔千萬里，我們兄弟之間非但毫無隔閡，而且還真是一見如故。兩位哥哥告訴我：他們對於我們成長的過程和生活都很清楚，心裡也常竊竊地想著：要是有一天能與我們見面，那該有多好啊！只是由於素昧平生，又隔著太平洋，他們又沒有我們的聯絡地址或電話，實在不知道要如何才能與在美國的弟妹們見面。哪知，山窮水盡疑無路，柳暗花明又一村；真是天意啊！

走了六十年的返鄉路

兩岸的兄弟們，隔著台灣海峽，分別長大成人，這段短短的相聚路程，卻讓我們走了六十年，而且還是繞道美國才完成。這一個奇妙的團聚，使得兩個世界成長的兄弟們不再陌生。其實，我們本來不就是一家人嘛！

兩位哥哥從小就知道：他們的爸爸在台灣還有一個家庭和幾個弟弟妹妹。而且，透過父親的家書，他們對於我們這些弟妹們的一切都很清楚。然而，爸爸媽媽生前，從來沒有對他們在台灣

的孩子們提起，爸爸與大媽媽的那段婚姻，所以，我們根本不知道在寧波老家還有兩位哥哥。

　　但是，我們相信：兩岸兄弟們這次的團圓，一定是爸爸和兩位媽媽在天上的安排。他們一定是想：我們這一房的弟妹們都成人懂事了，自己家的兄弟們也應該相認，團聚在一起了。

　　那是 2008 年 10 月，一個秋高氣爽的上午；我和妻子宛如由在上海的表妹李一葦和她兒子王嘉依陪同，驅車抵達寧波市鎮海區澥浦鎮灣塘村的老家。

　　歷史上，鎮海一直都是寧波府轄下的一個縣。民國成立後，鎮海成了浙江省的一個縣，這個行政歸屬一直維持到 1985 年。那年七月，人民政府正式以甬江為界，將鎮海劃分為濱海區和鎮海區。自此，鎮海成了寧波市轄下一個市轄區。灣塘村屬於鎮海區澥浦鎮，是位於寧波東北角的一個小農村，常設戶數約兩千戶，常住人口約五千餘人。

　　寧波早已是一個商業蓬勃發展、高樓林立的海港都市，但位於寧波東北邊陲地帶的灣塘村，仍然是一個沒有高度開發，比較落後的小農漁村。那天，表妹的兒子王嘉依從上海開車上高速公路，經過剛通車一年的杭州灣跨海大橋；下了高速公路後，走了一段比較狹窄的道路，來到了灣塘村。那是我生平第一次回到我的祖籍地，也是我父母親出生的地方。

　　來到了自己的故鄉，一切都是那麼陌生，卻又那麼親切。與上海、北京那些大都會比起來，灣塘村就像是一個世外桃源，也是一個低度開發的小農村。我充滿著好奇，也滿懷興奮；想到在

近一百年前，我們的爸爸在這裡出生，在這裡度過他的童年。我們能走進爸爸出生的地方，踏上他以前走過的路，多麼神奇，多麼親切啊！

停好車，走過一段僅容兩人並行的小弄堂，兩位哥哥、嫂嫂已帶著他們的兒孫，在家門外迎了上來。從未見過面的兄弟們，熱情地握手擁抱，瞬間，我那一絲絲近鄉情怯的憂慮，就被家人的熱情完全驅散於無形了。

鄉音家鄉菜，美酒兄弟情

兩位哥哥一生都生活在寧波鄉下；在鄉下，都是講寧波方言。寧波話是出了名最難聽懂的方言，寧波人說起話來又硬又大聲，說得急的時候，真像是在吵架。硬邦邦的寧波話與輕軟細緻的蘇州吳儂軟語，簡直就是兩個極端。以前曾經聽人戲說「寧願聽蘇州人吵架，也不要聽寧波人唱歌」，這個形容或許有點兒過分，但是我們總算是親身領教到了。

那一天，兩位哥哥用帶著濃濃寧波鄉音的普通話，急著想把那些埋藏在內心深處，兩代人所有的故事，都說給我們聽。我和宛如很興奮，好奇又專注地聽著，半懂半猜地與他們一起細細回味他們的一生。我們聚精會神地聽著，雖然沒有完全聽懂，但是兄弟間心裡的深情連結，卻讓我們溝通無礙，而且理解的好像比聽懂的還多。「身無彩鳳雙飛翼，心有靈犀一點通」，這句詩的

2008 年 10 月，我和宛如第一次見到了大哥二哥和大嫂二嫂。這是兩岸兄弟們第一次會面。

我們與寧波周家的姪兒女們合影。

意境，我算是親身體會到了。

這次的相聚，時間上距離爸爸去世已經整整二十八年，兩位媽媽也都已過世多年，分散於太平洋兩端的兄弟們，隔離了逾半個世紀，居然聯繫上了，終於團聚在一起了，多麼神奇啊！

哥哥嫂嫂和他們的孩子們做了許許多多的故鄉佳餚款待我們，那些菜都是爸爸媽媽生前最愛吃的家鄉菜，而且有好幾樣都是我們在美國吃不到的。一張小小的十二人圓桌，硬是擠上了兩位哥哥、兩位嫂嫂、表妹和她的兒子、四個姪輩、他們的另一半；加上我與宛如，共十六個人。孫輩們只能被安排在隔壁房間的一張小桌，但是他們都選擇站在我們後面湊著一起吃，沒有人肯放棄參與這個熱鬧又溫馨的團圓飯。

由於他們家境並不特別好，桌椅餐具並不考究。桌上鋪的是塑膠布，飲酒、喝茶用的也都是不成套的玻璃杯和塑膠杯，碗筷也都是拼湊成軍。然而，那些簡單的餐具，並不影響家鄉菜的美味；尤其是嗆蟹、醉蝦、鰻香（清蒸醃海鰻）、黃泥螺、大閘蟹、紅燒小鯧魚、竹筍燒肉等等，都是我闊別多年，垂涎已久的故鄉佳餚。

我們總算是親身品嘗到道道地地、原汁原味的寧波菜。幾十年前在台灣時，媽媽也常烹調這些家鄉菜，然而限於食材，就是沒有這麼道地。到了美國後，很多菜連找都找不到了。美味的家鄉菜，醇厚的紹興酒，濃濃的親情，每個人都盡情地享受著，沉浸其中。不知不覺，午餐吃了整整三個小時，大家都還意猶未盡。

有趣的是：這次兩岸家人的團聚，我在周家的排行，突然由老三降到了老七。在台灣，我上面有兩個哥哥，一位姐姐，下有一個弟弟，兄弟裡我排行老三。晚輩們都叫我三叔、三伯或三舅。沒想到，到了老家，多了兩位大哥；他們排行將姐姐也算在內，再加上過繼給舅舅的三哥，我們成了七兄弟，加上姐姐，一下子我的排行陡然降了四名，成了老七。老家的晚輩都管我叫七叔或七爺；一開始，聽得還有點不習慣。不過，家裡突然人丁更興旺，成了一個大家庭，也是一件美事。

第一次祭拜祖母與大媽媽

第二天，一個飄著細雨的下午，我們隨著兩位哥哥來到一個比較老舊的傳統墳場，祭弔我們的祖母和兩位哥哥的母親，也就是我們從未見過面的大媽媽。

我於 1947 年在武漢出生，在大陸前後住了十年半。從小，祖母就特別疼愛我，拜墓是表達誠摯的感恩與懷念，這也是1971 年祖母辭世後，我第一次來祭拜。記得 1958 年，我離開上海，途經廣州、澳門，偷渡到香港再轉往台灣。在上海和祖母告別時，我才十歲；那時奶奶身體非常健朗，臨行一再叮嚀我到台灣後要乖乖聽話並不要多說話，要好好讀書。那時我年少無知，怎麼會想到，那次分離竟是與祖母的永別。這次拜祭，距離當時離開祖母，已經整整五十年了。

祖母的墓碑。1958 年我於上海離開祖母時，她才剛滿七十歲，這次回寧波掃
墓，中間整整隔了五十年。

　　走到公墓的另一端，我們來到大媽媽的墓地前，墓碑上的刻
字已經斑駁不清，似乎印證著她老人家坎坷辛苦的一生。我和宛
如拈著香，向大媽媽深深地行了三拜禮。凝視著年久失修的墓
碑，想著爸爸離開後，她孤獨艱難的一生，我和宛如油然升起一
股深深的哀思，不禁倏然淚下。

奶奶七十歲時的照片，那時她稍顯
清瘦，但身體依然健朗。

經過十五年，大媽媽的墓碑已經留
下來歲月流逝的痕跡。

熱忱好客的家庭傳統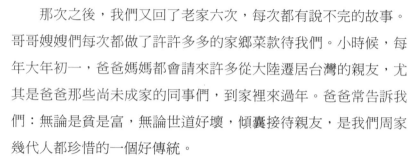

那次之後，我們又回了老家六次，每次都有說不完的故事。哥哥嫂嫂們每次都做了許許多多的家鄉菜款待我們。小時候，每年大年初一，爸爸媽媽都會請來許多從大陸遷居台灣的親友，尤其是爸爸那些尚未成家的同事們，到家裡來過年。爸爸常告訴我們：無論是貧是富，無論世道好壞，傾囊接待親友，是我們周家幾代人都珍惜的一個好傳統。

每次回到老家，哥哥嫂嫂和侄輩們都忙進忙出地張羅酒菜，就怕我們吃不夠的那份熱情，就像以前爸爸媽媽過年招待親友情景的重現。遺憾的是，我們的大嫂在 2013 年 10 月因肺癌去世。後來幾次回到老家，少了大嫂那份特有的溫馨、問候與親情，總會覺得美中不足。

限於社會大環境以及父親在台灣的家庭背景，兩位哥哥都只能讀到初中畢業。雖然學校教育不多，但是兩位哥哥的文學素養卻相當深厚。每次我們返鄉，大哥都會即席寫下一篇詩詞，感懷並紀念這得來不易的兄弟團聚。

大哥還送了我一份他親手撰寫的《周家變遷簡述》，後面還附有家譜。文章裡，他記述了許多我們都不知道的周家往事。這篇周家簡史，對於我寫這本書提供了許多珍貴的資料。

兩位哥哥每次都極為熱忱地歡迎我們，招待我們；兩位嫂嫂也都忙裡忙外，把我們當做自己最親近的弟弟，弟妹。每次離開前，兩位哥哥都誠懇地邀請我們一定要再回來，而且要我們動員

年來神州多滄桑
骨肉兄弟不相識
大洋難隔血緣情
而今邁步從頭越
七旬夢想今朝圓
相聚激情筆墨外
追敘往事悲喜之
從此情緣永繼延
周氏家族更興旺
但願人世共長久

有感于：遠洋奇弟偕娘如
偕故鄉初會
並感謝一番盛情并引為賀

寫此
08.10.16

這是 2008 年我和宛如第一次返鄉，用完午餐後，大哥即席寫的一首詩，紀念他七弟和弟妹與他們首次團聚。

從未返鄉過的美國三弟和四妹（也就是我們這一房的大哥及姐姐）回老家團圓。兩位哥哥都有一個心願：那就是，希望有一天，太平洋兩岸的周家兄弟妹們，都能在寧波老家相聚。

他們總認為：這是爸爸一生未能完成，而且又不能說出來的心願。他們也相信：在天上的爸爸和兩位媽媽，一定也會為我們兄弟們的團聚感到欣慰。只是，姐姐的身體不適於長途飛行；所以，這個心願恐怕難以達成了。

我們在美國的幾個弟弟妹妹們，也曾邀請兩位哥哥來美國一遊，與這裡的弟妹們聚聚，同時也可為爸爸、媽媽掃墓；他們兩人也都非常樂意前來。然而，他們從寧波到上海的美國總領事館申請了兩次，美國領事館都拒絕發放簽證，所以，他們始終未能成行。

美國政府一向標榜重視家庭價值，鼓勵家人團圓，但卻連單純的一個家庭團聚都不予放行，實在令人心痛。反倒是，我們多次回鄉探訪兄嫂與侄輩們，大陸政府從來都未做過任何阻擾。

兩位哥哥不卑不亢，不悁不求

在美國，我常聽到朋友警告我：回大陸探親要小心，鄉下的窮親戚都會貪得無厭、索求無度，小心連手錶、衣服都被扒掉。聽到那些謠言，我都當成笑話，從不在意，因為在我的經驗裡，這些事情從未發生過！尤其是現在大陸的許多人，都比台灣的親

人、朋友過得還更好。這種舊時的傳聞或謠言，即使或曾發生過，早就已經不復存在了。

我們的兩位大哥哥，都是在極端貧困的環境中長大。至今，生活雖然有了顯著的改善，但是他們仍然是屬於比較底層的農村人口，他們的經濟條件和物質生活，與在美國的弟妹們比起來仍然有一段差距。每次回鄉，我們都會帶些花旗參、巧克力、鳳梨酥之類的伴手禮；而他們也都回送我們一些茶葉、筍乾之類的寧波土產，從來沒有任何貧富之分。每次，我們在他們家裡大吃幾頓，離開前，回請他們一頓，他們也都還要到餐廳設宴歡送。

兩位兄長沒有接受完整教育的機會，大半輩子都在不公平的環境裡打拼求生存；即使在改革開放四十年後的今天，他們仍然是社會上底層的退休居民。然而，他們安貧樂道、不卑不亢、不忮不求的心性，真令我們這些從未吃過苦的弟妹們由衷敬佩。有時我會捫心自問：換成是我，我會有他們如此的心胸和修養嗎？老實講，我還真的不敢說。

第三章

我們的父親

我們的父親周文質，字楚衡，1911 年（民國前一年）農曆
10 月 23 日出生於浙江省寧波府鎮海縣灣塘村。那年十月，武昌
起義成功，推翻五千年的帝制，建立了亞洲第一個共和政體。父
親出生的時候，辛亥革命成功剛過兩個月。他生命的前四十年生
活在大陸，歷經軍閥割據、日本侵華和國共內戰。1950 年，新
中國成立後一年，舉家遷居香港；1952 年再遷往台灣，他在此
度過近三十載的中年與老年，最終逝世於台灣，兒女們將他的骨
灰安葬於美國。

這一天，我們失去了最愛我們的爸爸

1980 年 10 月 30 日，距離爸爸虛歲七十誕辰還差一個月，
他住在台北市仁愛路中華開放醫院接受晚期的肺癌治療。一個多
星期以來，都是我和媽媽輪流在醫院陪伴他。他的身體已經日漸
虛弱，每天都吃不下什麼食物。

那是一個星期四的晚上，我帶著媳婦宛如為他準備的晚餐去
陪他。他當天胃口比前兩天都好，吃了大半碗兒媳婦宛如為他準
備的菠菜泥蒸豬絞肉。那大半碗菠菜泥蒸肉已是他幾天以來吃得
最多的一餐。我和媽媽還為他胃口變好而興奮了好一陣子。

我和媽媽陪他聊了一會，爸爸闔眼要休息一下。媽媽就囑我
回家洗個澡，在家裡休息一夜，早晨再來和她換班，陪伴爸爸。
第二天，10 月 31 日，是蔣介石的誕辰紀念日，是台灣的國定假

日。我離開了醫院，走進自己的車上，不知為何，突然一股莫名的悲痛湧上心頭，忍不住流下淚水；心裡有股不祥的感覺。我不安地問自己，爸爸今天突然好轉，該不是迴光返照吧？

我擦了下眼淚，暗暗責備自己：「我今天怎麼了？為何這麼脆弱，這麼的傷感？爸爸不是好好的嗎？」

回到家裡，告訴宛如，爸爸今天胃口好，她也好高興。爺爺住在醫院，兩個孩子都吵著要找爺爺。我們還答應孩子，第二天要帶他們去看爺爺。我匆匆吃過晚飯，洗了個澡，才剛剛要睡下，電話鈴聲響了，是媽媽從醫院的護理站打來的。她說：爸爸病情突然惡化了，她要我馬上趕回醫院。我那股不祥之感又湧上心頭，只覺得兩眼發直，有些不知所措。

定了下神，我安慰媽媽，請她不要急，就匆匆趕回醫院，只見醫護人員已在為爸爸進行搶救。我和媽媽在一旁遞毛巾、遞水，並輕聲鼓勵父親，爸爸的病況稍微平緩。

那晚，我和媽媽決定一起陪伴爸爸。到了三十一日清晨五點鐘，爸爸病情再度惡化，呼吸已斷斷續續；眼睛微微張開時，他看看我又看看媽媽，似乎在交代我要好好照顧媽媽，我在一旁用勁地一直點頭，對他說：「爸爸，我會，我一定會的。」

最後，爸爸對我微微移動手指，示意要我拿支筆，似乎想留下一點交待。等我匆匆拿了紙筆，湊近他身邊時，卻見他的眼睛已然閉上，呼吸已經停止。他靜靜地、安詳地離開了我們；走完了他顛簸、動盪又辛勞的一生。

就這樣，一瞬間，我失去了我最依賴，最親愛的爸爸。

　　父親走得安詳，沒有受太多的痛苦。然而，遺憾的是：爸爸生了八個孩子，而且一輩子都在為孩子們勞心勞力，鞠躬盡瘁；最後卻只有我一人在身邊為他送終。爸爸走時，心裡一定充滿著對媽媽和兒孫們的掛念與不捨。

　　媽媽囑咐我拿了一盆熱水，用溫熱的毛巾為爸爸輕輕拂拭他的遺體，這是身為兒子的我，能為爸爸做的最後一件事。一邊拂拭著爸爸的遺體，一面憶起了爸爸生前照顧幾個孩子們，尤其是為我這個最讓他操心的兒子所做的一切，強忍著的淚水再也止不住了。這是一份撕心裂肺的痛。我想安慰媽媽，但是，我卻比她哭得還更傷心。

　　平日，每天與父親在一起，並不覺得特別珍貴，接受他的愛與呵護，也已經習以為常。但是一旦失去了他，才感受到自己失去了我一生中最可依賴，也最愛我的父親。想要報恩，已經太晚了！

　　媽媽沒有嚎啕大哭，但是她那份痛徹心扉、刻骨銘心的哀傷和她那勉強做出來的鎮定，卻讓我感受極深。我想安慰她，但是她那份沉重無言的悲痛，卻令我感到窒息，講不出話來。

　　過了半個小時，爸爸的遺體已經開始失溫，我們才萬般不捨地讓工作人員推走他的遺體。媽媽還一再交代我：要請他們好好照顧爸爸的遺體。我木木然地跟著他們送爸爸到太平間門口。當工作人員推爸爸的遺體進了太平間，我的淚水像決堤似的再也止不住了。

　　悲痛中，媽媽仍然保持著她一貫的鎮定，叫我盡快聯絡在美

國的姐姐和兄弟們。回到家裡，我們請阿姨過來，一起幫忙安排爸爸的殯葬事宜。

我的兩個孩子，知道他們親愛的爺爺走了，也都哭個不停。他剛滿五歲的孫子一先，聽到爺爺以後再也不能回家了，還一直哭著問：「為什麼？為什麼爺爺不會再回來了？」聽到這個，更是令我鼻酸。

一先還記得：一年之前，我一個人先去美國住了八個月，探移民之路，他與妹妹跟著媽媽住婆婆家。每個星期六上午，爺爺都開著他的車，帶著奶奶到婆婆家接他和媽媽、妹妹，回到爺爺家附近的一個小西餐廳，吃他喜歡的義大利麵、奶油湯和蛋糕，然後買好冰淇淋和一個蛋糕給他們帶回婆婆家吃。

宛如當時就寫信告訴我，還未滿五歲的兒子就常常問她：「為什麼禮拜六不快點來？我要等爺爺帶我們去上館子。」

那年，爸爸剛剛度過鼻咽癌的治療和觀察期，身體仍然沒有完全恢復，有時很容易感染到感冒和風寒。但是，每個週末帶孫子、孫女的行程，他卻從未中斷過一次。每次送孫兒們回到親家家裡，他都依依不捨。一旦回到自己家裡，他就馬上寫信給我，告訴我兩個孩子有多麼乖、多麼可愛；讓我感覺到，彷彿我就在他們身邊，陶醉在那份祖孫樂的歡悅氣氛裡。

記得在 1978 年，女兒一帆在台北的台灣療養院（今天的台北市基督教台安醫院）出生。由於出生時她有嚴重的黃疸，無法與媽媽同時出院。宛如出院後，她留在醫院裡接受「光照」治療。

那幾天，我上班前和下班後都去醫院看她，希望她能早點出院回家。每次傍晚下班後去醫院，護士都告訴我，她的爺爺奶奶已經來過了。我打電話跟爸爸說，我每天看兩次就夠了，要他不必奔波，但是他說：「我想看孫女，一天不看，我都不放心。」

星期六晚上，護士告訴我，一帆的黃疸指數已經接近正常，可能隔天就能出院。週日上午十點鐘，我匆匆趕到嬰兒房，就接著女兒回家。才進門，就接到爸爸的電話，他說他在醫院想接孫女回家，還責怪我怎麼不等他。他就是這樣的一個爺爺，總是比孩子的爹更盡心，更盡力，更著急。

戰勝了鼻咽癌卻被肺癌擊敗

1974 年，我和宛如結婚的那年，爸爸就被診斷出罹患鼻咽癌。經過多次的鈷 60 放射治療，受了許多折磨，他都堅強地挺了下來，也度過了癌症病人「五年存活期」的重要關卡。

當時的鈷 60 技術還不很成熟，接受鈷 60 放射治療的病人會出現腫瘤附近唾液腺發炎，導致喉部刺痛和持續的喉乾舌燥感。放射線治療還會引起吞嚥困難，所以醫生一再囑咐父親要多喝水以減輕疼痛。

為了減輕喉嚨的乾澀疼痛感，爸爸每次外出時，都會隨身帶上一個像西部電影裡常見的那種扁平的威士忌酒瓶，裡面裝著茶水，幾乎每五到十分鐘就要喝一小口，以減輕疼痛。出門時，樂

觀而愛開玩笑的他還常晃著那個酒瓶，笑著對我們說：「酒鬼要出門囉！」

當時，我只覺得爸爸這個玩笑很有趣。但是事後回想起來，爸爸其實是強忍著痛苦，一方面為自己打氣，一方面是想讓媽媽和我寬心。偶爾我陪爸爸去照鈷 60，護士們都對我說：「你爸爸是最勇敢、最合作的病人。」因為他個性樂觀，加上醫生護士的照料，和媽媽的悉心照顧，爸爸成功地打敗了那個病魔。

計劃中的賀壽行竟成匍匐送終之旅

1979 年夏天，正當家人慶幸他安然度過五年活存期時，一天早晨卻發現父親咳嗽出來的痰帶有血絲。本以為只是喉嚨發炎或上火，但是，經過幾次診斷，顯示他罹患了肺腺癌。接下來又是一連串的追蹤與治療。

我們都希望爸爸能再一次打敗病魔。然而這一次，他卻沒有那麼幸運了。到了次年夏天，醫生告訴我們：爸爸的病只能再拖上三到六個月。沒有想到，爸爸連三個月都沒有撐過。

爸爸於 1980 年 10 月 31 日辭世，那天是農曆 9 月 23 日，距離他農曆虛歲七十歲生日剛好差一個月。當時，他在美國的兒女們正計劃農曆十月下旬一起回來，為父親慶祝七十大壽。大家還在琢磨著，應該一起回來，大大熱鬧一番，還是分批回來，分批慶祝，細水長流。然而，天不從人願，他們提早一個月接到的卻

是父親辭世的噩耗。

　　幾個孩子，平常都與爸爸媽媽經常保持聯繫，對於爸爸的病情，孩子們也都很清楚。儘管醫生不樂觀，孩子們卻都覺得爸爸是一個堅強的巨人，是我們整個家庭的支柱。即使肺癌來襲，孩子們仍然堅信：爸爸一定不會被病魔打倒。這麼一位堅強的巨人，怎麼會倒下呢？

　　接到噩耗，爸爸在美國的孩子們都在最短的時間內返台奔喪，這是兄弟們都成家後第一次的團聚。本來應該是一次為我們親愛的爸爸賀壽的歡欣團圓，卻成了匍匐送終的傷心之旅。

1980 年 10 月 15 日，我們一家三代在台北一家餐廳慶祝我女兒一帆的兩歲生日。那是爸爸生前最後的一張照片。受到病魔摧殘，爸爸那時已經明顯消瘦。

　　散居美國各地的兄弟們和姐姐都安排到紐約，搭乘同一班飛機回來，我借了一輛廂型車到機場接他們回家。見面時，他們衣袖上都戴了一小塊黑布條。一路上大家情緒都還算平靜；但是一進門，走到玄關旁，看到一個簡單的靈台上爸爸的遺照，大家再也忍不住痛哭失聲，一個個向爸爸的遺像下跪。每個人都在責備自己，為什麼不能早些回來，見上爸爸最後一面；告訴爸爸，「我們有多麼愛他，請爸爸不要為我們操心。」大家都相信：爸爸臨終時，心裡一定還在掛念著遠在美國的每一個兒女和他們的孩子們。

　　我們的爸爸就是這樣，一輩子都是為了這個家，為了每一個孩子。用「鞠躬盡瘁，死而後已」來形容爸爸對我們這個家的付出也絕不為過。常常聽人說，人的一生就是一個旅程，雙手空空地來，孑然一身空空地走，不留一點痕跡。我卻深信，我們的爸爸離開我們，絕非不留一點痕跡；他遺留下來給兒女們的是完善的家庭教育和完整學校教育，樂觀進取的人生觀和最深最重的父愛。離開時，他更是滿載著兒女們對他無限的感恩與永恆的思念。

　　爸爸的追思禮拜在台北市的基督教懷恩堂舉行，那天來了許多爸爸生前的故交和我的工作夥伴及朋友。透過阿姨的幫忙，我們邀請到當時極具聲望的周聯華牧師主持追思禮拜，整個儀式在莊重溫馨的氣氛下完成。

　　那天，我寫了一篇短文悼念親愛的爸爸。遺憾的是，由於時間倉促，接連幾天都忙著張羅喪葬事宜，心裡哀傷又忙亂；那篇

透過阿姨的幫忙，我們請到基督教最有名望的周聯華牧師主持爸爸的追思禮拜。

爸爸的家人和故舊朋友共約兩百人，齊聚台北市的基督教懷恩堂參加他的追思禮拜。

悼念親愛的爸爸

與病魔纏鬥了十八個月之後，爸爸在十月廿一日清晨與世長辭了，安祥地結束了他老人家七十年的人生旅程。

由於環境的限制，爸爸年輕時只受過極有限的學校教育。然而，由於他對教育的無限嚮往及對於知識的熱愛，卻鞭策我們弟兄五人先後完成碩士或博士學位。儘管我們的學歷比爸爸好，但在做人處世方面，寬厚誠懇、古道熱腸的爸爸卻永遠是我們最好的師長。

日復一日，年復一年，爸爸的辛勞與愛心為我們築了最溫暖、最快樂的家。爸爸曾說：「家是幸福的泉源，也是痛苦的枷鎖；離開了家未必沒有痛苦；但是失去了家卻一定沒有幸福。」我們這個家就是爸爸的一切。

爸爸一生的辛勞、苦心也都是為了這個家。

正當我們弟兄五人都長大成人，爸爸可以放下生活重擔，與媽媽共同安享天年之際，他卻不幸罹患了兇惡的癌症。堅強的意志力幫助爸爸在六年前克服了鼻咽癌。然而當去年癌細胞再侵犯肺部時，爸爸已開始慢慢凋落了。

渡過辛苦的一生，爸爸就這樣靜靜的去了。爸爸是一個平凡的人，但是在兒女們的心坎深處，他永遠是最可親、最可敬的巨人。

佇立在小小的靈台前，為爸爸默禱，瞻仰他老人家的遺容，那麼慈祥、那麼親切，彷彿他老人家仍在我們身邊。

「爸爸！爸爸！」爸爸再也聽不見我們的呼喚了。

「爸爸！爸爸！」您安息吧！

兒 奇 叩書

我代表爸爸的孩子們寫了這篇短文悼念我們親愛的父親。

爸爸遺體火化之後，美國回來的兒女們陪著媽媽一起恭奉爸爸的骨灰赴美國安葬。

悼念文章，匆匆成文，實不足以表達兒女們感念父親的心思於萬一。

四十多年來，每當憶起父親臨終的那一刻，我都還會悲從中來。尤其是自己有了孩子後，更能體會到作為一個父親的不易。再想想自己所受的教育比父親多，一生沒有經過任何戰亂，事事都有父母親幫忙打理，生活環境也更安定；但是，只帶兩個孩子長大，卻還這麼辛苦。爸爸連高中都未畢業，一輩子歷經抗戰和國共內戰，幾次播遷，養大這麼多孩子，還把每個孩子都送出國讀書。這麼長的一段路，這麼重大的負擔，他是怎麼走過來的啊？

遵照父親的心願，我們將他的遺體火化，由媽媽和兒女們將骨灰帶往美國，安葬於紐澤西州二哥家附近的一座墓園，並在旁邊預留一塊墓地，供母親往生後合葬。

爸爸辭世帶走了媽媽的心

媽媽受過完整的高中教育，在那個動亂時代已算是中上等的教育程度。她是一位典型的賢妻良母，除了年輕時偶爾在報紙寫點短文之外，一直是個全職的家庭主婦。她沒有自己的事業，也沒有自己的朋友圈，爸爸和幾個孩子就是媽媽生命的全部，也是媽媽一生牽掛的全部。

爸爸走了以後，媽媽的生活重心幾乎被徹底掏空了。無論孩子們多麼盡心照顧她、陪伴她、逗她開心，她總是感到落落寡歡，生趣缺缺。尤其媽媽年邁之後，每當有些病痛，就會對我們說：「爸爸為什麼還不快來接我走！」聽到這些話時，作為兒子的我，真是既難過又羞愧，又不知所措。

爸爸走後，媽媽輪流在美國各地的孩子家居住，每個兒女都孝順她，而且家家都有孫輩陪伴。孫兒們在家都講中文，所以與奶奶溝通無礙。雖然含飴弄孫的樂趣並不缺乏，但是她的老年生活總是充滿著對老伴的思念，而且總是覺得缺少歡欣與快樂。

1981 年中秋節那天，媽媽住在匹茲堡的姐姐家。那是爸爸離開我們後的第一個中秋節。那晚賞月之後姐姐一家人都休息

了，媽媽陷入對爸爸深深的思念。一向內斂保守的母親，卻在那晚留下了這篇短文，思念她一生摯愛的丈夫：

恨我在楚衡生前病中，不懂得向他表達我的情意，我的感激；四十年如一日，他對我始終如一的感情，我竟讓他默默的，寂寞的走了……又是一個中秋，月不圓，天上人間永隔離……回憶中無數的中秋月，而今伴我的只有 1979 年你為我贈購的兩本詩詞選……笙歌歸院落，燈火下樓台；歌盡燈熄，詩的餘興卻被想起來。

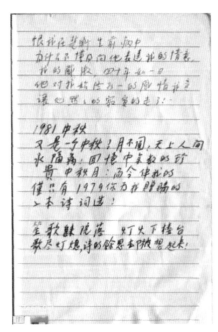

1981 年，爸爸離開後的第一個中秋節，媽媽親手書寫了這篇思念爸爸的短文。

2005 年，在爸爸離開整整二十五載後，他才來接媽媽。二十五年裡，隨著歲月的流逝，這份刻骨銘心的思念，非但沒有變淡，反而與日俱增。

許多年前，爸爸媽媽就積極鼓勵我們幾個孩子出國留學。在當時的台灣社會，送孩子出國留學是許多父母的共同心願，爸媽也鼓勵我們留在美國工作成家。家裡所有孩子，只有我一人學成後回國，在台灣成家，與他們一起生活了七年。其他的孩子們出國留學後，都沒有在台灣長住過。

我學的是新聞，1973 年取得碩士學位前幾週，爸爸已經先透過朋友介紹，幫我安排好中央通訊社英文編輯的工作。他們的朋友都說我最孝順，願意回到爸媽身邊陪伴他們。其實是爸爸媽媽幫助我，照顧我們這個小家庭的更多，我們能為他們做的實在是微不足道。

唯一值得的安慰是：在爸爸生命的最後五年裡，我們生了兩個孩子。兩個小孫輩從小就聰明伶俐，而且與爺爺奶奶特別親近。他們都愛說話，經常在爺爺奶奶身邊童言童語，頑皮嬉鬧，給他們增添了許多含飴弄孫的樂趣。

春蠶到死絲方盡

我和宛如結婚後與爸爸媽媽住在一起。兩年之後，長子一先即將出世，因為擔心新生嬰兒會吵到他們休息，我和宛如提出要

搬出去住。當時，爸爸媽媽就尊重我們的想法，一切讓我們決定。我們也感到搬出去住，建立自己的小天地，是天經地義，理所當然的事。然而，幾十年後，自己的孩子成了家，在外州工作，不與我們住在一起，我們才能體會當年爸爸媽媽的那份寂寞與無奈。然而，他們什麼都沒有說，一切依我們、一切為我們，只是默默地幫著我們。他們從來都不為自己打算。

這幾年裡，我自己也邁入老年期，才更能夠體會爸爸媽媽當年對我們的愛與犧牲。只是為什麼自己不能早些體會親恩，為什麼不能趁他們還在世時多盡些孝心？回想起爸爸媽媽對我們幾個孩子的愛與照顧，用親恩浩蕩來形容也是遠遠不夠的啊！

1979 年秋天，爸爸因為肺癌已經感到身體不適時，他還飛到美國，再一次去看望在那裡的兒孫們。其實他已經意識到：那可能是他此生最後一次到美國看兒孫們了！

那時，父親身體已經大不如前，跑一趟美國東部已經很吃力；但是，他卻還特別轉到南方的德州休士頓，去看望一位從郵局工作時就交往的幾十年老朋友張恩澤先生。張伯伯的兒子在那裡開了兩家頗具規模的中餐廳，業務鼎盛。爸爸飛去，就是試圖安排正在考慮移民來美國的我，到那裡與張伯伯的兒子合作，再開一家中餐廳。他擔心，學新聞的我帶著宛如、孩子移民美國，謀生不易。

為了怕我收入不夠，父親還預備出錢幫我開一家中文書店。他計劃和宛如一起照顧書店的業務，媽媽幫我們帶小孩，由我來經營餐廳。最近，我找出那年爸爸寄給我的家書，每封信裡，都

看得出他在絞盡腦汁，幫我安排工作和事業，想盡辦法幫我們找一份固定收入。我想到他那時剛剛度過鼻咽癌的難關，又已經開始被肺癌折磨，還萬里奔波地幫我籌劃安排；他還計劃，要剛做過髖骨手術的媽媽幫我們帶小孩……。想到這些，真令我欲哭無淚！

能有這樣的父母親，我是何等的幸運啊！

想到爸爸在世時，養育我們，事事為我們張羅；一直到生命的終點，都不稍停。而當他被病魔摧殘，一天天地消瘦、一天天地羸弱，作為唯一在他身邊的兒子，我卻幫不上一點點忙。每每思憶及此，我都感到沮喪、無奈；憎恨自己無用。

兩岸的兒孫一同紀念爸爸的百年冥誕

爸爸離開後的第四天，媽媽寫信將爸爸去世的消息告訴爸爸在寧波的兩個兒子。兩位大哥與大媽媽聽到噩耗，也悲痛萬分。他們按照寧波人的傳統，隆重悼念祭祀爸爸。從那年起，每逢過年、清明和爸爸的冥誕與忌日，他們都慎重地按照寧波人的習俗，做羹飯祭祀父親。

雖然在時代環境和命運的作弄下，爸爸沒有能夠像呵護身邊的兒女一樣，親身照顧留在寧波的兩個兒子，然而，爸爸生前也都盡力幫助寧波家人的生計，兩個大兒子對父親的感念也是誠摯而深刻的。

　　2010 年 11 月，二哥和他的女兒弗凡、我弟弟周侗，加上我和宛如及我們的兒子一先、女兒一帆，一行七人，結伴回老家紀念我們親愛的爸爸、爺爺的百歲冥誕。

　　那是在美國的孫輩們第一次回到爺爺的出生地，他們興致極高；尤其是大伯父把這些晚輩們聚在一起，講述周家的老故事，還有爺爺年輕時代的一些趣事，幾個孫輩都聽得目瞪口呆，興趣盎然。他們忙碌地用英文做筆記，也用錄音機做紀錄，好好地上了一堂中國近代史和周家家族史的課。

美國回來的侄兒侄女聆聽大伯父講述周家家史。

我們離開老家前夕，爸爸在寧波的兩個大兒子、兒媳，帶著他們的兒孫們在鎮海區的「古塘人家」歡送美國回來的弟弟們及家人。

兩位哥哥的住家上方，掛著「紀念先父百歲辰，緬懷慈父養育恩」的紅幅。

祭祖晚餐後，中美兩地的兒孫輩在老家門前燃放煙火紀念我們爸爸，爺爺的百歲冥誕。

　　父親百年冥誕那天，老家房外牆上還掛上了「紀念先父百歲辰，緬懷慈父養育恩」的紅幅。大哥、大嫂、二哥、二嫂，還有姪兒姪媳們，做了一頓極其豐盛的傳統祭祖羹飯。祭祖之後，太

平洋兩岸的兒孫輩們還燃放煙火，慎重地紀念我們共同的大家長。

羹飯對不同地區的中國人有不同的意義。對我們寧波人，做羹飯是一個特殊的習俗。通常在去世的父母親生辰、祭日、清明節和農曆年除夕，我們都要做一整桌的菜來祭祀他們。桌上供有十套餐具，象徵性地供奉他們和他們帶來的親友一起享用。我們要做十個他們生前最愛吃的菜，加上一個全家福羹湯、年糕、水果，米飯和湯圓。我們一個一個上菜；每上一個菜，我們都要向父母親、祖父母，和其他一起前來的長輩鞠躬，請他們享用，感謝他們的養育之恩。除了上十道菜之外，還要酒上三巡。

祭祀全程，都要焚香，接近尾聲還要點蠟燭和燒錫箔。燒錫箔是希望他們在天上有錢用。整個過程要兩到三個小時。通常做羹飯要在晚上六點正開始上菜，整個過程結束已經是八點半鐘，祭祀完畢，兒孫們才能分享祭餘。

那天，父親在太平洋兩岸的孫輩聚在一起，以歡愉的心情，紀念大家共同的爺爺和兩位奶奶。爸爸在太平洋兩岸的孫輩們從未一起生活過，但是他們透過都會講的國語（普通話），溝通無礙。再加上我們周家共同的文化語言——酒，爺爺在太平洋兩岸的孫輩們一起度過了一個豐盛又有意義的夜晚。我們也相信，我們的爸爸爺爺在天之靈，看到太平洋兩岸的兒孫們歡聚在一起緬懷他，他一定特別開心。

在美國生活了快四十年，我們家每年除夕都還是遵照古禮，虔誠地祭祀我們的父母和祖先。一先和一帆高中畢業後都在外地讀書工作；但是，無論在何處讀書或工作，農曆年他們都要請假

爸爸在中美兩地的兒孫及曾孫們，聚在寧波灣塘村的老家一起祭祀他，並享受我們周家共同的文化——酒。

依照寧波人的習俗，父母親都年過百歲之後，我們就不再做傳統的羹飯；但是每年農曆除夕，我們一家三代仍然會聚在一起，穿著喜氣的紅色，吃一頓豐盛的團圓飯。

回家向他們的爺爺奶奶拜羹飯。我們的兩個小孫女從出生以來，每年也都由她們的爸爸媽媽帶著回爺爺奶奶家過年，向她們太爺爺太奶奶的靈位鞠躬。

做羹飯是許多中國人一個歷史悠久，紀念祖先的習俗。只是，在美國的華人圈裡，因為沒有放年假，已經很少人這麼做，但是我總認為，一年裡有這麼一天能聚集自己的兒孫們，慎重地追懷父母先人，是一個延續家庭傳承的美好傳統。我不願，也不會放棄。

我自己總是覺得，在做羹飯的過程中，就好像是爸爸媽媽又回到我們家，與我們團聚，看望他們的兒孫們，保佑我們一家人平安。每年做羹飯時，一先都要彈鋼琴給爺爺奶奶聽，一帆則要搶著摺錫箔，讓爺爺奶奶在天上有錢用。這一天，我都會特別回憶起爸爸媽媽生前照顧我們的點點滴滴。一先一帆也常回憶爺爺奶奶和我們在一起時的一些往事。

我的兩個孩子從小就與爺爺一起生活最久，也依稀記得小時候爺爺怎麼疼他們，愛他們。一先小時候不好好吃飯，我要立規矩，處罰他；每次都是爺爺出面為他緩頰。爸爸總是對我說：「小毛（一先的乳名）比你小時候乖多了。」記得爸爸也告訴過我，小時候我不乖，他要處罰我，我的奶奶也是用一樣的話來幫我解圍。這也是我們周家的另一個「優良」的傳統吧。

父親離開我們時，一先才五歲多，一帆才剛滿兩歲。對爺爺的記憶都已經模糊，但是，他們對爺爺仍然有著那份與生俱來的，深深的親情。

爸爸與我們這個家

　　由於祖父的保守以及不重視教育，爸爸讀完高中二年級就被迫輟學。但是，他卻憑藉自己的努力，考進當時眾人欽羨的郵局工作；抗戰勝利後，又靠自己進修習得的英文能力，考進美孚石油公司，不到四年就升至華中區總經理；到了台灣，他從事汽車修護與買賣整整二十年；1970 年代又參加一家水泥公司，擔任副總經理，負責擴廠的設備規劃與採購，並負責向美國進出口銀行貸款。這一切都是靠著他自己努力打造的英文基礎。

　　我們這一支的周家成立於重慶，大哥和姐姐都出生於重慶，二哥則於抗戰勝利前一年出生於成都。抗戰勝利後，我和小弟則出生於武漢。雖不是含著金湯匙出生，但是，我們幾個兄弟們，完全沒有受到戰亂的苦難。1950 年冬，新中國成立一年之後，我們舉家遷往香港。

　　爸爸原來在美孚煤油公司擔任華中區總經理，到達香港後，仍然就職於美孚的香港分公司。由於那時美孚公司大陸各地分公司的高管都到了香港，人浮於事，爸爸並未得到理想的職位。然而，在那個亂世，一家人能平安的在一起，已屬不易。大哥、姐姐和二哥都上了小學，媽媽和奶奶則在家裡帶三歲的我和小我一歲的弟弟。到了週末，爸爸都帶著一家大小到沙田、新界和深水灣各地遊玩。在那個困難的年代裡，我們家過了快兩年平順的日子。

　　1952 年秋天，父親在香港的工作並不順利，加上社會動

亂、治安不好、物價高漲，爸爸媽媽乃決定先由媽媽帶著四個孩子於 1952 年先到台灣。爸爸留在香港善後，我則事先隨著奶奶回到武漢。

當時，台灣實施戒嚴，對於入境管制和戶籍的發放都非常嚴格。幸好阿姨的先生當時服役於空軍，透過他的擔保，媽媽和四個孩子才得以順利入境並取得戶籍。剛到台北時，因為沒有房子住，一家人就暫時擠在阿姨家原本就不寬敞的空軍信義新村眷舍裡。半年後，爸爸辭掉了美孚公司的工作，遷往台灣。

到了台北，爸爸工作暫時還沒有著落，先將一家人搬到大安區安東街的一間陳舊的小平房；因為那裡房租便宜，一家人就先在此安頓。安排了孩子們入學後，爸爸才開始找工作。由於當時台灣經濟落後，沒有什麼大的外商企業，爸爸在美孚公司的經驗

爸爸離開香港美孚公司前的一張照片。我常對他說：「爸爸，這張照片裡你看起來好帥，好有氣派！」

也派不上用場。沒有工作收入，帶出來的錢也快用完，媽媽只好拿出一些細軟出來典當變賣，支應一家人的生活開銷。

碰了許多釘子之後，爸爸終於在一家名叫中國汽車公司的修理廠找到工作，並擔任廠長。其實，爸爸並沒有接受過汽車修理的專業訓練，他憑藉的是自修學到的英文，和在抗戰時重慶郵局裡做汽車修護的經驗。

當時在台灣，擁有私家汽車的家庭非常少，有車階級很大一部分都是派駐在台灣的美軍和一些美商的家庭。除了汽車修護的經驗之外，爸爸憑藉著在廣播英語教室習得的英文，與他在美孚公司與美籍同事用英語交流的經驗，讓他對這個工作得心應手。美軍人員輪調離開台灣時，爸爸的公司常常就將舊車買下來，整修之後再出售，賺點額外的利潤。

爸爸在這個汽車修理的行業一待就十六年。雖然這不是個特別耀眼的職業，但是，靠著這一份穩定的中上等收入，爸爸就讓我們一家人溫飽有餘，而且還能經常寄些錢幫助在寧波老家的母親、妻子和兩個兒子。爸爸工作非常努力，而且能力特別強，在當時台灣的汽車修理行業，有很高的聲望。

爸爸生長在一個非常傳統守舊的家庭。祖父一心就想讓他繼承家裡的海產乾貨店，讀完高中二年級，爺爺就令爸爸輟學，並安排他到朋友的店裡學生意。寧波人講的「學生意」，也就是一般人通稱的「做學徒」。

當時，做學徒除了學習做生意的基本常識、產品知識之外，還要打掃店面，幫忙做衛生，替老闆和師傅盛飯添湯，是個很苦

的差事。因為怕孩子在自己的店裡會被寵壞，寧波人通常都要送兒子到別人的店裡學生意；我想，這就是「易子而教」，爸爸就是在這樣的情況下，開始了他的學徒生涯。

忙碌的學徒生活，並未能遏止爸爸的求學慾望。利用工作的空檔，爸爸每天聽廣播學習英文，短短兩年後，他就瞞著祖父考進了郵局。起先他被分配到國際包裹房，到了重慶後，爸爸轉到郵局的車輛修護廠，習得他後半輩子賴以養家糊口的一技之長。

沒有家庭背景，也沒有完整的學歷，又身處於亂世，父親卻靠著他的自修學習，加上聰明、才智、勤勞、拼勁，在每一個工作崗位上都表現出色，活出了精彩的一生。他的能力與不懈的努力，也為我們在台灣的這個家，提供了小康的生活水準，也為五個孩子提供了他自己從未享受過的教育機會。更重要的是，父親為我們樹立了勤奮努力、誠懇待人、愛家顧家的好榜樣。

家是爸爸溫暖的源泉

「家是人生溫暖的源泉，也是人生痛苦的枷鎖；然而，脫了枷鎖，未必就沒有痛苦，而離了家就絕對沒有溫暖。」

這是我父親在一本家庭相簿上寫的一段話。這句話看起來平淡無奇，但它卻道出爸爸對我們這個家至深的的依戀和感情。

　　相信爸爸在寫這一段話的時候和以後的歲月裡，一定也有寧波老家的大媽媽和兩位大哥哥在他的心裡。只是因為我們都還年幼，怕我們心裡有不好的感受，才沒有放上他們的相片。想到這裡，我更體會到爸爸內心的那份苦楚，與對我們這些孩子們心理上幾乎過度的保護。

　　父親是家裡的長子，自幼就聰慧過人，幼年時隨著在武漢經商的祖父生活在這個九省通衢的大城，在那裡成長就學，在學校時，成績總是名列前茅。就讀高中二年級時，他參加湖北省的全省高中數學會考，得到全省第一名。媽媽常感嘆說，如果有個開明的父親讓他接受更多的教育，他一定有機會成為一位傑出的科學家或教育家。但是，在祖父的觀念裡，讀書是沒有用的。父親

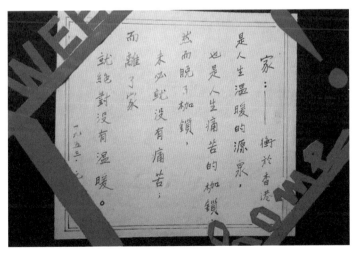

1953 年元月，媽媽已經先帶著孩子們到台灣，爸爸在照相簿上留下了這段話，敘述他思念媽媽和孩子們的心情。

在相簿這一頁中央，是爸爸與媽媽的合照，四周的是他們的五個兒子（包括過繼給舅舅的三子）和一個女兒。這一頁上，爸爸寫著：「甜蜜的家……幸福的一群……希望我們永遠在一起，終不分離。」

讀完高中二年級後被迫輟學，開始在祖父朋友開的南貨店裡「學生意」（做學徒），以備未來能繼承祖父的海產乾貨店。

雖然無法讀大學，爸爸並沒有放棄對知識的追求。透過廣播電台的教學節目和努力的自修，爸爸習得了大學程度的英文，這對他日後在美孚公司謀職和工作有極大的助益。記得後來爸爸曾經告訴我們，他年輕的時候，常常在房間裡，對著鏡子自言自語地練習英語對話。

自修得來的英文能力，也讓爸爸後來在台灣的汽車修理廠與美軍和美僑打交道時能得心應手，深受老闆器重。那時台灣有私家車的人極少，開私家車的大都是派駐在台灣的美軍或在台北的美國僑民。一些外國客人和朋友知道他從未出國讀書，甚至沒有上過大學，都對他的英語程度極為驚訝。

剛到台灣時，爸爸曾與寧波的家人短暫失去聯絡；但是將家人安頓好了之後，透過香港親友轉寄信件，爸媽又與老家的大媽媽和兩位哥哥聯絡上了，也經常寄錢回老家幫助家人。1980 年父親過世後，媽媽還是與大媽媽和兩位哥哥保持聯繫，並持續寄錢幫助他們，一直到 1988 年母親身體逐漸衰老才停止。她最後一次是在 1988 年從美國寄了一筆錢給大哥哥。兩位哥哥用這筆錢，加上他們自己平日的儲蓄，在寧波鄉下老宅旁蓋了一棟兩層樓的洋房；這在當時的寧波鄉下，是一棟鄰里羨慕、新穎漂亮的別墅型洋房。

從此，大媽媽和兩個兒子與他們的家庭搬進了這棟新居，生活環境得到很大的改善。一直到 2022 年 10 月，大兒子寧武都住

1988 年，媽媽從美國寄了一筆錢給爸爸在寧波的兩個兒子，幫他們建造了這棟新穎的二樓洋房。

在這棟房子裡。對於他們口中武漢媽媽的幫助，寧武和寧江仍然充滿著敬意和感激。在 1946 年離開老家之前，爸爸曾經交代兩個大兒子，將來見到我們的媽媽，不要叫小媽媽，而要稱呼「武漢媽媽」。

爸爸從未忘記留在寧波的家人

　　父親對於在台灣和寧波的兩個家庭，都有著非常深切的關愛與感情。只要是通訊許可，父親總是經常寫信給寧波的妻子和兩個兒子。兩位哥哥都說爸爸對他們媽媽的生活情況和他們兩人的學習、生活，都極為關心。

　　1959 年，大哥結婚時，父親曾透過香港親友匯了 200 美金表示祝賀。在當時那是一筆很大的金額，在當時的寧波鄉下，這筆錢足夠一個小家庭過上一年的日子。1962 年二哥結婚時，父親又送了 500 美金（相當於新台幣兩萬元）的賀禮。當時爸爸的收入並不高，這兩筆錢都是很大的負擔。那時，台灣一個中等收入的職工，每年的工資都只有新台幣兩萬元。除了照顧大媽媽和兩個兒子，爸爸也未忘記祖母。每次匯款，爸爸都另外附上一筆錢給祖母。

　　回想起來，爸爸到台灣後，收入並不豐厚。他要供應在台灣的五個孩子生活、求學，還得經常匯錢照應寧波的家人；負擔一定非常沉重。然而，爸爸在我們這些孩子們面前，從來都是那麼從容、樂觀、信心滿滿，從來沒有吐過半點苦水。人的一生不可能沒有挫折，父親尤其是一生坎坷挫折不斷；但是，爸爸從來都是自己一人承受所有的壓力，不讓兒女擔憂。

　　大媽媽和兩位大哥哥都妥善地保留著爸爸的每一封家書，直到 1968 年的一次紅衛兵抄家行動中，所有爸爸的家書都被搜走銷毀了。一直到今天，兩位哥哥對於紅衛兵的那次粗暴的行為仍然是憤憤不平。

歸鄉夢未圓

　　即使已經離開寧波幾十年，爸爸對他家鄉的妻子和孩子卻從未忘懷過，也從來都沒有放棄回老家看家人的念頭。在台灣的兄姐們就記得：爸爸偶爾喝多了酒，就會喃喃自語，好像在唸著留在大陸的孩子。起初，他們以為爸爸是在想念留在武漢的我，但是，後來我已回到台灣與他們團圓，爸爸還是默默地念著兒子。雖然兄姐們覺得好奇，但也不敢多問，一直到 2008 年，小姑姑和表妹揭開謎底，大家才恍然大悟。

　　從 1950 年開始的三十年裡，兩岸政府都還不准許人民交流，直到 1980 年，他拿到了美國綠卡，才盼到了那個等了三十年的返鄉機會。

　　尚未拿到綠卡，爸爸就寫信給在家鄉的兩個大兒子說：「有了綠卡，我就可從美國直接回家鄉來看你們了！」哪知道：通過考試拿到綠卡才不到兩個月，兇惡的癌症就奪走了他的生命，爸爸終究還是無緣與留在家鄉的妻子、兒子再相聚。那是爸爸終身的遺憾！大哥哥也說：這也是大媽媽和他們兩兄弟一生最大的憾恨。

慈父慈母在我家

在台灣長大的兒女心裡，父親永遠是一位最愛家顧家的好爸爸。一般的家庭裡，都是嚴父慈母，而我們家卻是道道地地的慈父慈母。如果要兒女們選一個比較嚴的，那一定是媽媽。由於爸爸天天在外忙著工作，家裡的一切都是由媽媽一人打理。我們有誰功課沒做好或考試不好，回到家，最怕面對的就是媽媽，有時她真的生氣了，我們就得等爸爸回來幫我們說好話、打圓場。

爸爸媽媽兩人的感情非常好。我們都記得，爸爸每天下班前，一定先從公司打電話回家，告訴媽媽他要回家了。一到家，第一件事就是衝到廚房叫聲媽媽的小名：「阿娟，我回來了！」然後告訴她這一天裡最得意和有趣的事，爸爸極少將不如意的事情帶回家。

媽媽則在爸爸回到家前，就已幫爸爸做好一碟特別的小菜給爸爸下酒。這碟小菜不是什麼名貴的菜，通常只是些家鄉口味的寧波菜，好比是一些特別鹹的鹹魚、黃泥螺之類的小菜。這些都是父親獨享的私房菜，媽媽通常都不讓我們幾個小孩吃。

晚餐時，爸爸愛喝點酒，媽媽偶爾也陪一杯。逢年過節時，我們幾個小孩也可以一起喝。喝酒是我們一家人共同的愛好；那時也沒有未成年不准喝酒的規定。慶祝生日或年節時，總是人手一杯。我們一家人都有酒量；兄弟間，我們常誇口說：如果有個以家庭為單位的喝酒比賽，我們家一定所向無敵。

酒卻也是爸媽之間，幾乎唯一的吵架觸媒。爸爸是個非常熱

心、愛交朋友又愛熱鬧的人。朋友們在一起，幾杯黃湯下肚之後就常會過量；回到家免不了被媽媽嘮叨一陣，有時候媽媽還會跟爸爸冷戰好幾天。爸爸媽媽感情很好，少有爭吵，如果偶爾發生爭吵，罪魁禍首幾乎一定是酒。

爸爸喝起酒來總是豪氣干雲，舉杯見底，絕不拖泥帶水，在朋友間也是頗有盛名的。這個愛喝、能喝的酒國高手，在 1973 年春天，被醫生診斷出患有十二指腸潰瘍，才在媽媽和醫生聯合施壓下戒了酒。那時，我仍在美國讀書，知道爸爸戒酒，還寫信回家調侃爸爸是：「放下屠刀，立地成佛」；結果被爸爸臭罵了一頓。

我們家的經濟，一直都是由爸爸一人收入支應開銷，所以他的工作和心理負擔絕對不比任何人輕。然而，他從來不把工作上的挫折或委屈帶回家裡。一進家門，他總是輕鬆地與媽媽和我們幾個孩子說說笑笑。如果哪天賺到一點外快，他一定會買些蛋糕、點心或冰淇淋回家，讓我們分享成果。儘管媽媽常常反對，她總說，這會慣壞孩子，而且是浪費錢。但是這一點「壞習慣」爸爸從來都不會改，也不要改。

其實，爸爸年輕時就有胃酸逆流的毛病，他根本就不能吃甜食。每次帶著甜點回家，他只能在一旁看著孩子們享受。現在回想起來，他看著孩子們享受，一定是比自己吃還更開心。

爸爸一生都是一個能幹的經理人才，但是，他也是一個最守不住財的人。朋友有急需時，向他周轉，他總是來者不拒，甚至還常常瞞著媽媽，向他人借錢給朋友應急。後來向他借錢的人還

不出來，他還得湊錢去還債，這也是媽媽很不能諒解的地方。

　　大哥和姐姐學習成績都很優秀，一向名列前茅，從不需要爸媽操心；而二哥總是成績平平，甚至有時考試成績不好，還被媽媽訓斥一頓。但是，爸爸都會打圓場說：「不要緊！班上還有更差的，下次考好點就行了。」如果下次還是考不好，爸爸就說：「沒關係！還有下一次。」在父親心裡，他的孩子都是最好的。他最驕傲的事，就是向朋友吹噓大兒子和女兒功課有多好，二兒子有多帥、有多少藝術天賦，老三、老么又如何如何 ……，總而言之，沒有一個不是最好的。

爸爸的朋友們都說他的二兒子長
得像是電影明星。

我們都被寵成了靠爸族

　　除了盡力給我們最好的生活和教育機會外，爸爸在我們求職、工作和生活方面，也都竭力幫忙張羅，不遺餘力。其實，讀書求職我們都能做好，但是爸爸就是不放心，怕我們遇到挫折。

　　那個時代，大學畢業的男生都要先服一年的預備軍官役。大哥畢業那年，打算服完兵役後就赴美留學。爸爸怕他分配到外島服兵役，會影響申請學校，於是想盡辦法，找了許多關係，將他弄進了憲兵隊；那是一個駐紮台北，每天上下班的好差事。一般大學畢業生，都是根據抽籤分派到各軍種在台灣或外島的單位。畢業生的父母都擔心孩子被派到金門、馬祖等外島服役，因為當時兩岸仍在軍事對峙，那裡距離大陸近，一旦發生戰爭，自然比較危險。

　　當時能進憲兵隊的預備軍官，大都是達官貴人或富家的子弟，靠著家裡在政府或軍方的影響力才能進到憲兵隊。大哥進了憲兵隊後，發現每個預官同僚的家庭都是高官巨賈，只有他爸爸是個汽車修理廠的經理；而爸爸的靠山只是憲兵司令部的一位科長，他主管的業務正是汽車維修。因為業務上的往來，爸爸與那位科長結交成好朋友。大哥畢業那年，透過爸爸一再的請託，那位科長費了九牛二虎之力才將大哥弄進了憲兵隊。

　　姐姐從台大商學系畢業，出國留學前，在台灣做了三個工作。她先後在一家大型紡織廠、國際學舍和台灣造船廠工作，也都是爸爸幫忙安排。當時，台大商學系的畢業生在台灣就業都很

吃香，就算自己找工作也一定沒有問題。但是爸爸還是要幫自己的孩子安排最好的機會，深怕我們受到一點點挫折。有直接的關係，就直接拜託；沒有直接關係，就輾轉請託，只要為了孩子，他一定是全力以赴，不遺餘力。

二哥畢業於國立藝專（今日的國立台灣藝術大學）雕塑科。出國留學前，他的三個工作：華夏塑膠、花蓮大理石廠和凱利塑膠廠，也都是爸爸安排介紹進去的。

弟弟從輔仁大學化學系畢業，也是爸爸介紹進了大興紡織廠。在那裡，他有機會學以致用，在產品研發設計上有所發揮。這個經歷在他日後申請美國大學研究所時，很有助益。

有時想想：我們這些一流大學的畢業生，在台灣找工作，全都是靠這個高中都沒畢業的爸爸幫忙張羅，實在是非常慚愧。其實，我們也不一定要靠他幫忙才找得到工作，只是，爸爸總是把孩子們一切的事情都放在心上，都要事先照顧妥貼。如果那時就有「靠爸族」這個稱號的話，我們一家的兄弟及姐姐都當之無愧。

或許，會有人認為：我們的爸爸保護孩子過分了！但是我們知道：在爸爸的心裡，對孩子的付出只有越多越好，絕對沒有過分的問題。

大哥是拿全額獎學金出國留學。他在學校是模範生，在家裡也是模範兒子、模範哥哥。台大數學系畢業後，申請到美國好幾所大學的全額獎學金，包括常春藤的布朗大學。最後，他選擇進入紐約州的羅徹斯特大學，因為那裡的獎學金最高，可以省些錢

寄回家。當他拿到第一個月 340 美金的獎學金時，他就馬上寄 100 元回家幫助家用。那時，美金 100 元等於新台幣 4,000 元，這個數字遠遠超過台灣當時一個大學畢業生的平均月薪。

對於還有四個孩子同時上高中大學的爸媽來講，這份每個月準時寄回來的孝心錢，讓他們頓覺壓力大大紓緩。記得爸媽最愛告訴親友們，他們的大兒子多麼孝順。哥哥孝敬他們的錢，爸爸媽媽並沒有拿來自己用，他們只是存起來，作為未來幾個小的出國讀書的基金。由於家裡的經濟並不寬裕，姐姐、二哥和弟弟都是先工作兩三年，存下一些生活費才到美國留學，我是唯一一個服完兵役就到美國讀書的。

1971 年，我剛服完預備軍官役，就拿著爸媽準備的兩千美金到美國留學，那筆錢就是我第一年的學費和生活費。那年，爸爸剛滿六十歲，兩千美金加上機票和制裝費，相當與新台幣快十萬元，幾乎是他當時養老金儲蓄的一半。我也想和哥哥姐姐一樣，先工作兩三年，存些錢再去。但是爸爸說：「我還在工作，錢還可以賺，你就先拿去讀書吧！」就這樣，我揣著爸爸的退休準備金，來到美國鍍金了。

我從來就不是一個努力讀書的學生，但是想到爸媽用自己的養老金供我留學，就不免心生感奮，在美國倒是認真地讀了兩年書。到了 1973 年，快拿到碩士學位時，爸爸就開始四處留意，想幫我找份好工作。那時，中央通訊社正在籌設英文商業新聞組，該組負責人是爸爸的朋友陳亦先生；他是中央社社長魏景蒙先生的女婿。爸爸向陳先生大力吹噓我的英文造詣有多棒，又有

國際觀，是個不可多得的人才。

得力於父親的大加揄揚，我一拿到碩士學位回到台灣，未經正式考試就進了中央社，擔任特約英文編輯。陳亦先生面試時告訴我：「你老太爺說，你的英文好極了！如果不用你，是中央社的損失。」聽了這話，真讓我無地自容。其實，陳亦先生先後畢業於上海聖約翰大學外文系和美國密蘇里大學新聞學院，英文比我好得多。受益於爸爸的吹噓，我的起薪每月新台幣八千元，是當時其他同事的一倍以上。我這個靠爸族，確是名副其實，當之無愧啊！

因為在中央社做英文財經編輯，讓我結識了台灣中信銀行的負責人辜廉松先生，並在中信的關係事業兼差。1983年，我被辜先生派往美國洛杉磯負責籌備開辦一家新的商業租賃公司。從此我就在美國立足，四十年來算是一帆風順；這一切都是拜父親為我奠定了好的基礎。

我有時自問：我的工作順遂的確是靠自身的努力；但是，如果不是爸爸替我安排了一個好的開始，我會如此的一帆風順嗎？我還真不敢給自己一個肯定的答案。

在西維吉尼亞大學讀書時，我認識了政大地政系畢業的校友劉宛如，經過一年的交往，我們成了一對戀人。一起回到台灣後，學農業經濟的她一時找不到工作，考慮要回美國讀博士；而我已經在中央社工作，不想再出國，但也不想和她分開。

我們進退維谷的困境，被爸爸知道了。他又發揮了他那職業仲介的專長，找上了當時台灣最大的電腦軟體企業中華電腦公司

的總經理周森滄。周先生是爸爸的寧波老鄉，平日往來並不多。但是，為了兒子，爸爸硬是找上門，推薦這位美國回來的「電腦專家」。結果，這位只修過兩門電腦課的「專家」就進了這個軟體業的翹楚公司，當了系統分析師。在當時，系統分析師大都由資深的程序設計師擔任，但是我們家這位「專家」不會做程序設計，就只能直接升任系統分析師了。

幾十年下來，爸爸的幾個孩子都已長大成人，有了自己的家，各自擁有自己的一片天地。儘管爸爸已離開我們四十多年，但是每當我們哪個有一點點值得高興的小成就時，我們第一個就會想到：「要是爸爸還在，該有多好啊！他一定會誇我們：很能幹、很棒的！」

子欲養而親不在

這種感覺，從小不好好讀書的二哥尤其感受深刻。大哥與姐姐從來就是品學兼優、名列前茅；我和小弟雖不傑出，但讀書也都無需父母操心。只有二哥，平日成績總在後段班，碰到大考，也每考必敗。最有趣的是，初中、高中和大學聯考，每次他考完都興高采烈，信心滿滿，結果一放榜，卻都是名落孫山，讓爸媽哭笑不得。大專聯考也只能勉強擠進比較冷門的國立台灣藝術專科學校的雕塑科。

誰想到，五十歲後，他卻發掘到自己真正的專長——照明設

計。在這個很專門的行業裡，他成了一位享譽國際的大師，在美國、中國大陸、台灣、香港和一些其他的國家地區都極富盛名。他負責完成的照明設計案子包括北京故宮、頤和園、上海外灘、台中花博、南投的中台禪寺、法鼓山、奇美博物館等等不計其數。每當完成一個令他驕傲的設計工程，他總是在想：「要是爸爸、媽媽還在，能看到這些，該有多好啊！」

讀書這件事，二哥一直是最讓爸爸、媽媽頭痛的一個兒子。年輕的時候工作不順利，也常令爸爸、媽媽操心。要是爸爸、媽媽在天上看到：這個最不會讀書的兒子，在七十歲之後，仍然繼續在事業上大放異彩，而且各方爭聘不斷，不知道他們會有多麼高興，多麼驕傲呢！

尤其令人驕傲的是，二哥在這個專業裡，門生滿天下；許多已經是獨當一面而且事業有成的業界領袖，對於「周老師」早年的指導教誨仍然感佩不已。即使到今天，大陸和台灣許多重大的照明設計案子，主事者都要「周老師」掛名做顧問，給予指導。

雖然，我們在台灣受到父母無微不至的呵護和養育，一家人都過著平順的小康日子，但是靠爸爸一人的收入，養活一家七口，其間的生活壓力一直都很大。只是爸爸一向都將重擔放在他自己肩上，不讓媽媽或我們兄弟們分擔。

剛到台灣時，爸爸經過很久才找到一家汽車修理廠的管理工作。在那裡，他因為有郵局車輛修護的經驗，再加上他通曉英文，能夠與當時台灣使用汽車最大的人口群——美軍和美商直接溝通，很快就升任廠長，兩年之後，又兼任業務經理。這家名叫

「中國汽車修理廠」的公司是當時台灣市場上的佼佼者,爸爸也是這個行業裡,同僚與同行最敬重的經理人。

收入雖然不錯,但是,除了支應一家七口的日常開銷,還要經常要寄些錢給在寧波的老母親、妻子和兩個兒子。爸爸的生活壓力極為沉重。在我沒有離開大陸之前,爸媽還要經常匯錢到武漢的舅舅家,支付我的生活費用。儘管生活壓力大,爸爸卻從來沒有在孩子面前訴過苦、發過牢騷,他永遠都是一位堅強又樂觀的好爸爸。

我和弟弟同一年小學畢業,參加初中聯考,我們都沒有考上理想的公立學校,後來決定讀私立復旦中學。那是一所收費昂貴、口碑很好的私立學校。由於兩人同時讀私立學校,費用很高,我們都有些猶豫;但是爸爸說:只要學校好,多交點學費不要緊。幸好一年後我和弟弟都通過插班考試,分別考上了師大附中和建國中學夜校,才減輕了父母的學費負擔。

復旦中學是上海復旦大學在台灣的校友會捐款,設立在中壢的一家私立學校。復旦是一般人說的貴族學校,許多學生都是有錢人家的孩子。

由於學校在中壢,距離台北較遠,學生們都住校。由於學生家裡大都比較富有,每到周六下午,整個操場都停滿了私家車,由司機開車來接學生回家。我和弟弟則是由爸爸親自開著他的老爺車,來接我們回台北的家。

那時沒有高速公路,爸爸每個周六開著老爺車到中壢接我們,來回要三個多小時,但是,他總是興致勃勃,毫無倦容,我

們也不覺得有什麼特別。一直到後來,自己成了家,有了孩子,才更能體會爸爸的辛勞,和對我們的愛與付出。

中國人有一句諺語:養兒方知父母恩。只是當時年輕不懂事,總覺得一切都是理所當然。父親去世得早,等到我們懂得要報恩時,父親已經不在了。

「子欲養而親不在」,就成了我們最大的憾恨。不僅沒有好好報答親恩,就連一句好好的感謝,我都沒有講過;想到這些,真恨自己年輕時不懂事。

爸爸老年的歲月,最享受的就是與幾個孫輩一起玩。這一張是 1972 年他在紐約州水牛城與長孫逸之享受春天的陽光。

1972 年，爸爸在西維吉尼亞州摩根城與外孫李維倫。看看外公外孫有多麼親熱啊！

1980 年 1 月，爸爸媽媽帶著我的女兒一帆在台北市國父紀念館享受悠閒的時光。

第四章

我們的母親

我們的母親是抗戰夫人

我們的母親王文娟也是浙江寧波人，從小隨著父母生活在武漢。像爸爸家一樣，母親的娘家也是從事海產乾貨生意，她上面有兩個哥哥，下有一個小她十歲的妹妹。

母親於 1938 年日軍佔領武漢之前，就讀於武漢私立懿訓女子中學。懿訓是一所有百年以上歷史的基督教教會學校，教學水準比當時一般的中學要高出一些，一方面注重視四書五經等傳統文化教育，同時，也有英語和聖經課程。該校在抗戰時曾遷往陪都重慶，勝利後遷回武漢。母親隨校離開武漢之後，先在貴陽女子中學暫時借讀一年，並在那裡畢業。

思想前進的女青年成了全職母親、主婦

母親在校時，是比較前進的進步學生。她非常關注時事，還參加了一些校外的學生運動；在學校裡，她特別選了一些與寫作相關的課程，還積極參加壁報編寫，並且多次在報章雜誌投稿，發表了多篇有前進思想的愛國文章。

我爸爸和媽媽的父母親是寧波同鄉，他們在武漢原來就熟識。離開武漢前，媽媽的父親曾請我的父親到了重慶之後要幫忙照顧他的女兒。

他們到了重慶算是異地重逢。由於是舊識，兩人就有了比較

多的交往。當時，父親被郵局從國際房調往汽車維修部門。有一次父親不慎傷了腿部，母親就近幫忙護理。他們相處日多，漸漸由相愛而結合，組成了新的家庭。我的母親也就成了通稱的「抗戰夫人」。

他們於 1940 年結婚，並於次年十月有了我的大哥周晴。因為結婚後一年多就有了孩子，媽媽沒有進大學，也沒有機會多寫稿。

當我高中畢業要選擇大學和學習專業時，我選擇的是政治大學新聞系。在那個時代，讀文科並不是很吃香，大多數的家長都希望自己的孩子（尤其是男孩）讀理工科。在當時，學理工科系畢業後，出國留學比較容易申請到獎學金，畢業後容易找到工作，而且待遇比較好。

1940 年代初期，媽媽在重慶的照片。

　　只是我的父母親非但沒有勸阻我讀新聞，母親反而鼓勵我考新聞系。現在想起來，或許她是期望自己有個孩子，能幫她去圓新聞工作和寫作的夢吧！爸爸媽媽從來都沒有建議或要求孩子們走哪一條路，只是尊重我們自己的選擇。五個孩子學的分別是：數學、商學、藝術、新聞和化學，真是五花八門。

　　媽媽在二十歲就與爸爸結婚，婚後八年共生了六個小孩。除了第三個兒子，過繼給她的二哥，其他的孩子都是由媽媽一人照顧長大。她是一位完完全全的家庭主婦，地地道道的賢妻良母。

　　由於爸爸天天在外忙著工作，家裡的一切都是由媽媽一人打理。督導我們讀書的任務，就是媽媽一人的責任。

　　以前家裡兄弟多，每天媽媽張羅一家七口的衣食；每天晚上要做足夠一家七口的晚餐，還要加上第二天中午五個成長中的青少年的便當，真是不容易。家裡除了姐姐之外都是男生，我們都胃口大；而且，除了姐姐之外，我們又都不會幫忙做家事。自己結婚之後，也是我上班，妻子主管家務也兼職做會計；我們才兩個小孩，就已經忙得不可開交。現在想想，真不知道那時媽媽每天張羅一家七口是怎麼做到的！更何況，當時還沒有烤箱、微波爐、大冰箱這類便利的家電用品。最早期的時候，沒有瓦斯，媽媽每天還得冒著濃煙，用煤炭生火煮飯。

　　我和宛如都常感嘆，我們這一代真是比不上上一代。一生都沒有經歷過戰爭的衝擊和遷徙之苦，我們維持一個小家庭都得戰戰兢兢，感到困難重重。那時爸爸媽媽的從容無憂，是怎麼做到的啊？或許他們的勞累和憂心都不讓我們看到吧！

多病卻堅強的母親

　　從我懂事起，媽媽就不是一個身體特別健康的人。我讀初中開始，媽媽就一直被腎臟結石困擾，而且結石常會造成腎發炎或尿道炎，疼痛難忍。那時醫學還不發達，治療結石都需要開刀去除結石（而非今日常見的超音波震碎或微創手術），並且得住院好幾天。更麻煩的是：因為媽媽的體質，結石取除後不久，又會長出來。

　　由於媽媽是一家之「煮」，她一住院，我們一家人「食」的問題就亂了套。記得我讀建國中學夜間部初中二年級的時候，有一次，媽媽手術住院，由於我早晨不必上學，買菜就成了我的任務。大哥和姐姐負責做晚餐，二哥和弟弟就打打雜。那時，大哥在台大讀書，在學校附近的小館子吃過滑蛋牛肉飯，他就回來試著做，沒想到大受歡迎。這是媽媽平日都不做的一個簡單的菜，我們卻吃得津津有味。媽媽出院回家後，我們還常要哥哥繼續做滑蛋牛肉飯；這是我們兄弟們一直都記得的苦中之樂。

　　幾年裡，媽媽多次進出醫院。到了 1972 年 4 月，一個腎臟已經完全壞死，醫生決定幫媽媽開刀切除那個腎臟。這次動大手術，住了約兩個星期的醫院，除了小兒子外，孩子們都不在身邊。爸爸、阿姨和小弟輪流在醫院陪伴媽媽，姐姐幫忙支付了一筆可觀的住院費用。我還是個窮留學生，在錢方面幫不上忙，只能請同學幫我送去一大盆花，附上一張文情並茂的卡片，盡了個秀才孝心。

　　拿掉一個腎臟之後，媽媽還有一個健康的腎臟，仍然能提供正常的腎臟功能，媽媽反而變得更健康了。在往後的三十多年歲月裡，直到 2005 年過世，母親幾乎都沒有再被腎臟疾病困擾過。

　　1979 年，媽媽六十歲那年，在匹茲堡的姐姐家居住時不慎摔跤，摔裂了髖骨，做了骨科手術，並在髖關節裝了鋼釘。那年 11 月底，我還從洛杉磯飛到紐約，陪著爸爸媽媽搭機回台灣。一到台灣，還沒回家之前，我們就安排媽媽先到醫院檢查，並安排復建，一切無虞之後，才回家休養。

　　那時，母親除了走路稍微緩慢之外，身體一切都很正常，生活也與常人無異。過了幾年，醫生要她用助行器幫助維持身體平衡。那時，生活方面一切也都還能自理。1994 年，母親七十四歲那年開始，雙腿因為缺乏運動而肌肉無力，出門就開始要使用輪椅，但是生活的一切都還能自理。在家裡用助行器具輔助，她仍然可以自行緩慢走動。

　　媽媽是典型的江浙人，她愛吃海鮮。年紀大了之後，她胃口日漸變小，但是對於魚蝦的嗜好仍然不減。尤其 1990 年代，在南加州的中國超市，經常能買到從紐西蘭進口的活珊瑚蝦。她一頓飯可以吃上十多隻。

　　直到 1999 年，她七十九歲那年冬天的一次輕微中風，讓媽媽失去了活動能力。慢慢地，她已經無法站立，在家和外出都靠輪椅，而且逐漸喪失生活自理能力。無論上車下車、上床下床或做任何的移動，都需要我們抱著她做。而我們也都五六十歲了，

晚年時,從紐西蘭進口的珊瑚蝦是媽媽的最愛。

慶祝媽媽八十大壽,兒孫們聚在一起為她慶生。我們在照相館拍照留念。

實在抱得很吃力。

出於無奈，我們幾個兒女乃決定送她到有專業護理人員看顧的老人安養院。大部分的時間她都是住在洛杉磯、紐澤西和克里夫蘭的老人安養中心。住在那幾個城市的孩子就每天去安養院看望她、陪伴她。住在外地的兒女們，則趁她的生日時，一家三代二十多人聚在一起為她慶生。看到兒孫們都聚在一起，就是媽媽晚年最開心的日子。

2000 年，她在我們家歡度她的八十大壽。那次生日，她在東岸的兒女和孫輩們都齊聚洛杉磯的我們家為媽媽／奶奶／婆婆賀壽。那一次媽媽的興致非常高，看到兒孫輩歡聚一堂，她連話都講得比平日多了許多。可惜，那次之後，她的身體狀況又進一步退化。那時，每週和東岸的兒孫們通電話，成了她生活上最大的享受。

2005 年時，她住在紐澤西州二兒子家附近的安養中心；那年七月，媽媽過八十五歲大壽，兒孫們照例齊聚一堂為她慶生。那時，她的感官功能也已更加退化，看到兒孫們聚在一起，她只是靜靜地、茫茫然地看著我們，自己已不能融入互動了。看在兒女眼裡，我們心裡也都是充滿著無奈與苦楚。

八十五歲生日時，阿姨和她的兒子周治平，兒媳婦還有我們姐姐及兄弟和配偶，前往紐澤西州的長照中心會客廳為媽媽慶生。那時，媽媽已經比五年前退化許多。她已經無法與我們自然互動。

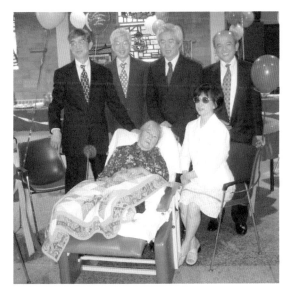

八十五歲那天，媽媽與兒女們合照。么兒周倜那時心臟不適，未能趕來參加。

105

媽媽對爸爸的永恆懷念

　　1980 年冬天爸爸過世後，媽媽先與兒女們一起赴美，安葬爸爸，並在美國的姐姐、二哥和小弟家裡各住了一陣子。每個孩子都與媽媽很親近，而且每個孩子家裡都有孫輩陪奶奶婆婆玩。那兩年，兒孫承歡膝下，或多或少減輕了一點媽媽失去老伴的傷痛。

　　1982 年秋天，媽媽回到台灣，與我們一起生活。一家三代仍然住在以前和爸爸一起生活時租來的那間公寓房子裡，生活沒有什麼改變。只是，又回到以前和爸爸一起生活的地方，家裡的每一件物品，每一個角落都有爸爸的影子；都會令媽媽觸景傷情，感傷難過。

　　她常感嘆道：「爸爸為什麼走得這麼早？為什麼還不來接我？」雖然我和宛如都盡力陪伴她、照顧她，兩個孩子也都和奶奶很親近；但是，我們所能做的一切，都無法彌補因爸爸的離開，而在她心裡留下來的那塊缺口、那片空虛。媽媽總是覺得：爸爸走了，這個家就不是她的了。

　　晚年，住在美國時，母親身體日漸衰老，她對爸爸的思念更是與日俱增。我們這些孩子們，每次聽到媽媽說：「爸爸為什麼還不來接我」時，內心都會感到深深的無奈和愧疚。

阿姨是媽媽最好的伴侶

　　媽媽的晚年，除了兒孫外，生活上最大的支柱就是小她十歲的妹妹。她們的兩個哥哥都留在湖北，只有姐妹兩人來到台灣。

　　在台灣的近三十年裡，與我們一家人最親的就是阿姨。1952年，我們家從香港遷往台灣，做擔保人的就是在空軍服役的姨丈。那時台灣當局嚴格管制出入境人口，因為姨丈是軍人，才能做保，讓我們入境。

　　剛到台灣，臨時沒有地方住，我們一家人就擠在阿姨在台北市空軍眷村信義新村的家裡。那個勉強夠阿姨一家四口住的小屋子，硬是多擠進了我們一家五口；而且一直住到半年後，爸爸來台灣，我們才搬進安東街的租屋裡。

　　幾十年裡，阿姨是爸媽在台灣唯一的親戚，我們兩家來往極為頻繁。阿姨只比我們大哥大十一歲，所以我們相處在一起更像是姐弟。我們一起打麻將、一起吃飯、喝酒，一起開玩笑，葷素不忌。爸媽常罵我們沒大沒小、沒有規矩，但是阿姨從不介意，她總是樂得跟我們這些晚輩打成一片。

　　後來阿姨在石門水庫工作，住在中壢石門水庫的宿舍，我和小弟每年的寒暑假都要到阿姨家住上一兩個禮拜。在那裡，沒有媽媽每天盯著我們做寒暑假作業，我們夏天游泳、打藍球，冬天租來武俠小說，忘情地看。沒有媽媽在身邊催促我們做寒暑假作業，日子簡直就像是在天堂。阿姨的大兒子周治平只比我的小弟小十二天，與我們極為親近，我們在一起，根本就像是親兄弟，

而不像是表兄弟。

到了爸爸的晚年，五個孩子裡，只有我們一家在台北和他們住在一起。由於我的工作非常忙碌，宛如忙著照顧一對年幼的兒女，爸媽生病看醫生，經常都是由阿姨陪伴。阿姨這份溫暖的情誼，不知給了他們多少精神上的支撐和實際上的幫助。阿姨幫我們做了許多兒女們應該做卻顧不到的事情；爸爸媽媽很幸運有這麼一個貼心的好妹妹，我們也很幸運有這麼一位熱情又愛我們的阿姨。

1983 年初，我和宛如已決定移民美國，媽媽覺得她以後大概不會再回台灣長住了，於是就請阿姨陪同去訂製了一套壽衣。我們問媽媽：為什麼現在就要準備壽衣？她說：根據老家的習俗，女人到了六十歲就該準備壽衣。她們在台北跑了好幾家布店，才找到了一塊媽媽看中的料子，並找媽媽熟悉的的裁縫做了那套壽衣。那時，媽媽還才六十三歲，我心裡有點迷信，總覺得這麼早做壽衣不太吉利。但是，媽媽的那套暗紅色的壽衣，二十幾年後才用到。顯然，我是過慮了。而且，媽媽在 1983 年隨我們搬到美國後，阿姨也移民到了美國，媽媽就再也沒有回過台灣了。寫到這裡，我不得不佩服媽媽有遠見。

五十多歲的兒子仍需要媽媽操心

1983 年春末，媽媽與我們一起移民到美國。我們從台灣搬家到南加州洛杉磯郊區的羅蘭崗市，往後的二十二年，她就在我們家和她其他的兒女家裡輪流居住。

媽媽就像那個時代許多的女性一樣：年輕時，跟著丈夫逃避共產黨，遷居台灣，辛苦了大半輩子；丈夫離世後，就隨著兒女搬到人生地不熟，甚至連語言都不通的美國。

兩位哥哥、姐姐、弟弟都住在美國東岸，冬天很冷。只有我住的南加州，氣候比較溫和，更適合老人家居住。南加州不但氣候溫和，中國超市多、中國餐廳多，華裔大夫也多，更適合媽媽的喜好。所以，她與我們家住在一起的時間也比較多。其實，姐姐和幾個兄弟都很想陪伴照顧媽媽，但是，因為工作的關係，他們都定居於東岸；讓我這個住在西海岸的兒子佔有地利，而享有較多陪伴媽媽的機會。

1990 年代中期，剛好是我在印刷行業發展最好的幾年。我與三位朋友合夥開了一家頗具規模的印刷廠。隨著業務的成長，我下班的時間越來越晚。媽媽本來一直堅持要等我回家才一起吃飯；但是，後來我常到晚上九點才能回到家。我們好不容易才說服她不要等我，和宛如及孫兒們先吃。

但是，她卻總是要等我平安回到家，看我吃好飯，才肯回房睡覺。後來，我工作更忙，常常到十點之後才回家，在我們的堅持下，她才肯先洗漱完畢，一邊看書報，一邊等我。每晚我下班

回到家，先向她請安，還沒聊上幾句，她就要我先吃飯。等我開始吃了，她才放心回房睡覺。那時我已經五十歲了，但是，每天都還是要讓媽媽為我的工作和身體操心。

南加州的天氣通常都很暖和，但是媽媽還是常常提醒我要多穿衣服，不要受涼了。聽到她的叮嚀，不禁令我想到小時候讀到的唐朝詩人孟郊〈遊子吟〉裡「臨行密密縫，意恐遲遲歸」的那段詩句。雖然我已不需要媽媽縫補衣服，但是母親心裡面的那份關愛卻深深地讓我感到溫暖又幸福。

其實，那時候我已經有一個讀大學的兒子和一個讀高中的女兒；但是，在媽媽心裡，我永遠還是那個需要她操心，需要她叮嚀的大孩子。幸好我後來罹患肝癌是在媽媽辭世之後三個月；否則，真不知我會讓她擔心成什麼樣子！

我們每個週末，都會帶著媽媽到附近的中國餐館吃小吃，那是媽媽最開心的時間。邊吃邊聊，常常回憶起小時候：爸爸一到週末，都會帶著我們一家人上館子。台北的寧波菜館子如：狀元樓、敘香園、五福樓，都是我們家常常光顧的地方。爸爸常去那些館子應酬，裡面的人都和爸爸很熟；我們到的時候，飯店經理和大廚都會前來打招呼，並送我們一兩個小菜或點心。有大廚經理的照應，爸爸都覺得很有面子，吃得特別高興。

在美國，我們家人口簡單，上館子也只是吃些普通的小餐廳。偶爾，帶媽媽吃好一點的館子，媽媽都會感嘆：爸爸走得太早，沒有讓兒子帶他吃些好館子。媽媽總是這樣：吃得普通，她從不介意；但是，吃到好的，她卻感嘆爸爸沒有吃到。

買了一輛日本車，我令媽媽生氣

　　1990 年代是我事業比較成功的十年。由於收入比較高，在 1993 年我買了一輛全新的 Lexus（凌志）汽車。當時，開 Lexus 是一件比較時髦，高檔的選擇。一天，我們上了車，媽媽說，這輛車皮椅很厚，好舒服；她問：它是什麼牌子啊？我回答到，它叫 Lexus。由於爸爸生前一直從事汽車修理業，媽媽對於汽車的廠牌也都知道一些。當我說是 Lexus，她就問：「我怎麼沒有聽過這個牌子啊？」我說，這是新上市的牌子，是比較高級的日本車。

　　沒有想到，一聽到是日本車，她就立刻臉色一沉，帶著責備的語氣問道，「為什麼要買日本車？」她問得我接不上話來。

　　由於爸媽年輕的時候都經歷過日本軍人南京大屠殺的歷史和後來的侵華戰爭；為了躲避戰亂，他們被迫離開家人和故鄉，逃難到後方。他們也都有親人、朋友死於日軍的槍砲彈下。他們尤其痛恨日本政府戰後從不為在中國犯下的罪行道歉賠償。

　　從小時候開始，我們家就很少用日本貨。爸爸也從未開過日本車。

　　我自己向來也都盡量不用日本產品；那一次，也不知道為什麼我會為了趕時髦，買了一輛日本車。經過媽媽的訓示，後來的三十年裡，我再也沒有買過一輛日本車。

　　近年來，日本政府積極配合美國，處處打壓中國，圍堵中國，並妄稱中國威脅世界和平；我對日本人的憎恨之心也更加強烈了。

一個難忘的母親節

　　媽媽通常只愛吃中國菜，但是 2000 年母親節那天中午，我們帶著媽媽到一個私人的鄉村俱樂部吃西式自助餐，她卻特別高興、特別滿足。

　　這件事要從 1972 年暑假說起：當時我在西維吉尼亞大學讀碩士，利用暑假到紐約市北邊白原市（White Plains）的一家名叫 Metropolis Country Club（大都會高爾夫俱樂部）的會館打工賺學費。因為當時英文不夠流利，我只能做洗碗工。

　　夏天是那個高檔俱樂部的旺季。經常的，那些有錢的會員們都到會館辦派對、吃大餐、喝好酒。有些食材和糕點還是從法國進口的，花卉則是從荷蘭空運來的。高級一點的，還會請樂隊現場演奏。餐後，那些穿著高尚的主人與賓客們，在朦朧的燈光下，隨著音樂，婆娑起舞，真是極盡豪華奢侈的聲光享受。

　　我與另外三個洗碗的同伴，在酷熱的廚房裡揮汗洗碗。高檔的西餐廳用的杯盤特別多，一個三百多人的大派對，用的刀叉、羹匙、大小碗盤至少有幾千個；雞尾酒杯、紅酒杯、水杯、茶杯，咖啡杯，加起來又是上千。一個晚餐下來，洗完餐具廚具，清好廚房，拖好地板，我們都要忙到晚上十二點才完工，拖著疲憊不堪的步子回到宿舍。一個暑假下來我們至少處理了十幾萬個刀叉，碗盤和各式水杯酒杯。

　　巨型的洗碗機就在廚房到大廳的出口處，那是一套用高熱蒸汽清洗餐具的龐然大物。每次侍者拿著食物和餐具進出，自動門

一開一閉，我們就被夾擊在餐廳極強的冷氣和廚房炙熱的蒸汽之間。每天工作時都一直受到冷氣和蒸汽夾擊，汗如雨下，忍受幾個小時的三溫暖；一個暑假下來，人就瘦了一大圈。

爸爸媽媽收到我信上的描述都心疼不已，還說：以後就算賣房子，也不要再讓我這麼辛苦的打工了。我那時也不知道是哪裡來的勇氣與自信，居然隨性跟他們誇下海口：「將來有一天，我也要成為一個私人高爾夫俱樂部的會員，帶你們到私人會館吃西餐、喝紅酒。」

二十多年後，我們的印刷廠做得很成功，幾個合夥人就一起參加了在洛杉磯東北角一個叫 Cierra La Vern 的私人高爾夫球俱樂部。2000 年母親節，我總算是兌現了那張遠期支票，帶著媽媽來到這個私人會館慶祝母親節。平常的母親節，我和宛如都帶

2000 年 5 月，我們帶著媽媽到一家私人高爾夫球俱樂部的餐廳吃西餐，慶祝母親節。

著媽媽到中國餐廳吃個晚餐，通常都沒有送禮物給媽媽。那天，我還很洋派地送了媽媽一大束鮮花和一個母親節蛋糕，席間我還叫了一瓶紅酒為媽媽慶賀。

那天的慶祝活動，媽媽感到特別欣慰，我們也回想起我那段暑假打工的生涯。我們邊吃邊聊，非常開心，只是最後話題又轉到了爸爸。那年，爸爸已離開我們二十年了！一個歡欣的母親節活動，又將媽媽帶進了思念爸爸的感傷中。

那天，我和媽媽談起了許多爸爸以前和我們在一起的事情。我感覺到：如果爸爸在天上看到我帶著媽媽到一個高爾夫球俱樂部慶祝母親節，他一定會特別高興，特別欣慰。我心裡也在想，如果爸爸今天也能在一起，那該有多好啊！最遺憾的是，爸爸走得太早了！或許，應該說是我發跡得太晚了。

其實，這一個特殊的母親節慶祝，感受最深的可能是我自己。我覺得，這次的午餐是我對父母親恩一次象徵性的回報。雖然花費並不特別高，但是看到媽媽滿臉的欣慰和笑容，我心裡有著一股說不出的驕傲與滿足。

將爸媽的愛送給故鄉的孩子們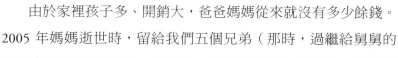

由於家裡孩子多、開銷大，爸爸媽媽從來就沒有多少餘錢。2005 年媽媽逝世時，留給我們五個兄弟（那時，過繼給舅舅的三哥也已移民來美國）和姐姐一筆兩萬多美金的遺產。經過討

論，我們決定將那筆遺產捐給燃燈助學基金會，委託他們在廣西、貴州，四川和陝西的偏遠山區建造六所小學校舍，以紀念我們的父母親。

我們的父母親年輕時因為家庭因素和無休止的戰亂，都沒有機會接受完整的教育。這是他們一生的遺憾，也讓他們特別重視我們幾個兒女們的教育。我們後來在美國經濟有了點基礎，就想對他們故鄉落後地區青少年學子的教育貢獻一點心力。

上世紀 1990 年代和本世紀初期，大陸上落後地區的教育預算依然不足，許多山區的小學校舍都是破舊不堪，甚至連遮陽擋雨都有問題。2006 年，我們的捐款，加上當地鄉村政府的配合款和學生家長的義務勞動，我們為六個偏遠地區的學校各建了一棟嶄新的校舍。這項在燃燈助學基金會支持下的建校計劃，讓孩子們有了真正可以遮風擋雨而且比較寬敞安全的校舍。每個校舍落成時，孩子們都非常興奮，燃燈基金會都會派代表前往驗收，並發放助學金給家境特別貧困的學童。

當時，在大陸西南貧困山區的孩子們上學，往往要走上一兩個小時才能到校。新建的校舍都會留下一個房間，供遠道的學生住宿，讓他們每天可以省下兩、三小時翻山越嶺的通學路程。有些學校也設置簡單的廚房，提供簡單的三餐伙食給遠道來的孩子們。

每所我們捐建的小學都以我們父母的名字命名，讓爸爸媽媽的遺愛，能夠惠澤故鄉的學子。選擇大陸西南方，是因為對日抗戰時，我們的父母就是逃難到那裡，並在那裡成家。

陝西省略陽縣徐家坪鎮二房山村小學原本破舊不堪的舊校舍。

(二房山)文質小學
陝西省略陽縣徐家坪鎮二房山村

我們捐款建造樸實整齊的新校舍。校方將校名改為文質小學，紀念我們的父
親。

　　除了那次與兄姐弟們共同捐建的六所小學校舍外，我和宛如自己也於 1990 年代在西南山區以爸爸媽媽的名義捐建了三所小學校舍。

　　能將爸爸媽媽的名字和愛心留在故鄉是我們的心願。最令我們興奮的是看到新校舍落成時，孩子們穿著新衣服，像過新年一樣，歡天喜地的要迎接新校舍。

　　除了捐建校舍之外，我們也每年贊助十個貧困初高中生的學雜費。我們這一點點的幫助，能讓孩子們更安心求學，我們心裡都充滿著歡喜和滿足。透過燃燈的聯絡，接受助學金的孩子們每

學生們歡喜新校落成

陝西省略陽縣史家院鄉龐家院村小學；老師和小朋友們歡欣地在文娟小學新校舍前留影。

兩層樓的文娟小學新校舍共有六間教室和廁所及操場。

在風光明媚的貴州省黔南州三都縣爛土鄉，我們為偏遠的屯橋村小學，捐建了
二層樓的新校舍。

年都寫信給我們報告他們的學習近況。我們也盡量抽時間給他們回信，希望能鼓勵他們克服困難，努力上進。

有一位女學生從師範學校畢業後，寫信告訴我們，她計劃回到鄉下教書，幫助家鄉的孩子們。另一個高中畢業的男生，考進了專科學校，他寫信告訴我們，他找到了一份家教工作，已經不需要助學金，並請我們用那筆錢去幫助更需要的孩子。收到那些封信，更令我們感動不已。

在這裡，我們要特別感謝燃燈助學基金會的朋友們，沒有他們，我們根本就不可能做到這些事情。基金會的義工們，每年利用他們工作的兩週休假到中國大陸落後山區，尋找需要改建的破舊校舍，與學校和當地鄉村政府協調興建新校舍的工作，並尋找需要幫助的學生，發放助學金。他們犧牲假期並不辭辛勞地為祖國落後地區的教育出力，實在令我們欽佩。2003 年這一年，六個人一組的義工就驗收了四十六所新校舍，並為上百名的貧困學生發放助學金。

二哥和二嫂則是連續多年利用工作的休假時到四川紅河少數民族自治區，元陽、麗江等地，參加培志教育學會組織的夏令營。他們邀來當地貧困家庭、單親家庭和孤兒院的孩子們，利用暑假時間，教導他們中英文，並特別加強輔導他們的心理健康，讓他們獲得了最需要的「愛」。他們參加這個活動連續十多年，一直到 2020 年新冠病毒流行才暫停。除此之外，他們和其他贊助者以及培志教育基金會還每年捐款幫助上百名中學和高中生的學雜費。

　　這是二嫂在 2019 年 8 月在雲南做義工時所寫的心得：

　　一年過去，又到了雲南會澤和麗江，參加培志教育基金會
（PEACH Foundation）為當地貧困家庭孩子們舉辦的夏令營。十
七年來，培志從學費補助、醫療協助、心理輔導、課業諮詢到就
業指導，「一條龍」似的默默地贊助了 12,457 位小朋友，其中已
有三千多位從大專畢業。他們走出了大山，提升了他們自己和家
人的生活環境，也給家鄉帶來了強大的正面影響！

　　加入培志十六年了。一期一期的夏令營，次次都被孩子們純
真的熱情所吸引、被他們堅持的努力所感動，更會因他們困苦的
環境而揪心；小小年紀就需要面對親人的離別和生存的重擔，以
及鄉親和同學們的歧視，升學成了他們唯一的希望。然而，缺乏
學習的經驗和方法，「土法煉鋼」的死背方式，往往是事倍功
半，成績普遍低落。孩子們在信裡，經常說出心裡的害怕，擔心
考不上高中或技校，家人不再讓他們繼續讀書，必須外出打工。
相形之下，想到我們是如何呵護自己的孩子，自是感慨萬千……

　　小弟周倜捐款給國內是開始於 1976 年唐山大地震。那時，
他與媽媽一起匯錢到一個國內的救難單位協助地震的災民。

　　媽媽過世後，他也與我們一起透過燃燈基金會捐款蓋落後地
區的校舍。那時，媽媽留給他的錢比兄姐們都多了一點點，他就
多捐了一所學校。此外，他也連續多年透過培志教育學會，資助
大陸和台灣貧困學生的學雜費。

滿頭白髮的二哥，每天夏天都到四川省紅河自治區的夏令營帶著孩子們一起學習，一起遊玩。

夫唱婦隨的二嫂也是每年利用休假到紅河自治區，輔導孩子們夏令營的學習和休閒活動。

　　我們做的這一點點善行，也是為了彌補爸爸媽媽年輕時因為家庭因素和戰亂而未能完成學業的遺憾！我們的爸爸媽媽生前費盡心力提供我們最好的教育機會，我們幾個兒女們能夠協助一些需要幫助的家鄉窮困孩子們，也是對父母親恩的一點回報。

　　2006 年之後，由於國內交通與經濟的持續發展，大陸政府在建校和扶貧方面都有了長足的進步，對於新建山區校舍的經費已經充足；燃燈助學基金會乃開始調整重點。他們開始協助偏遠山區衛生所的興建與設備更新。

媽媽走了，這個家就散了

　　我們家從武漢遷到香港，又從香港遷往台灣，爸媽一直都是男主外、女主內的分工模式。家裡的生計都由爸爸一人的工作收入支撐，媽媽則在家裡照顧並教育五個孩子，讓爸爸無後顧之憂。

　　由於家無恆產，孩子又多，爸媽一輩子都靠勤儉持家。我們一家人一直都是住在租來的房子。直到爸爸六十歲那年，他和媽媽才在台北市民生東路新社區，買了他們在台灣的第一間自己的住屋；那是一棟四層樓老式公寓房子，在三樓的一個單位。付掉買房的頭期款，後來又給我兩千多美金到美國讀書，他們的退休儲蓄就已經消耗殆盡。

　　那時，哥哥姐姐都在美國生了孩子，爸爸媽媽都很想多到美

國看看孫子、外孫，但是，因為機票昂貴，爸爸只能利用公務出差的機會，繞道去看兒孫們，媽媽只能留在台北家裡望著照片神遊。1979 年，媽媽拗不過大家的慫恿，才飛到美國看看在紐約和賓州的兒孫們，享受難得的天倫之樂。那一次媽媽玩得很開心！但是，回到家裡，卻又抱怨爸爸不該鼓動她花那麼多錢去美國玩。

爸爸離開我們比較早，但是媽媽還在。雖然我們一家的姐姐和兄弟們散居美國各地，但是有媽媽這個大家長，在精神上我們仍然還是一個大家庭。媽媽老了之後，需要我們幫忙照顧，她已不能再像以前那樣照顧我們，但在我們心裡，她仍然是大家長，仍然能將我們這些兒女們的精神凝聚在一起。

爸爸去世後，媽媽每次逢五逢十的整壽，她分散在美國各角落的兒孫們都會聚在一起為我們的大家長慶祝壽誕。那也是她的兒孫們幾年一度，難得的大家庭團聚。

在 2005 年聖誕節前四天，我們接到二哥的電話，他通知我們，媽媽已經快病危了，要我們快去見媽媽最後一面。我和宛如安排好飛機票，在 12 月 22 日那天上午乘機前往紐約。一路上，我還在想，這次我要在醫院多陪她幾天；我也想輕輕告訴她，將來與爸爸在天上團聚時，要告訴爸爸，我們好想念他。

誰料到，我們下了飛機，來接機的二哥就告訴我們，媽媽已經在我們飛行途中離世了。爸爸離世前，我還有幸在他身邊照料，但是，媽媽離開前，我卻做了個缺席的兒子。為了怕耽誤工作，沒有更早出發；媽媽離開我們之後，我常常自責，工作有那

麼重要嗎？

　　因為怕耽誤工作而沒能見到媽媽最後一面，是我最不能原諒自己的一個過錯，也是我一生無法彌補的遺憾。

　　四十幾年前，爸爸離開時，我們固然都很哀傷，但是還有媽媽在，我們這個大家庭也就還在。但是，媽媽一走，我們這個台灣來的周家就真正分散成了幾個小家庭。我們從小一起快樂成長的那個溫暖幸福的家，就真正的散了。

　　這就是世代的循環吧！

　　每一個人、每一個家庭，固然欣喜於開枝散葉，果實累累的美好；然而，卻也都避不開這個曲終人散的無奈。

第五章

唯一跨界生活的兒子

內戰結束打散了周家的一切

1949 年，國民政府軍隊徹底潰敗，解放軍佔領整個中國大陸，中共成為新中國的主人。國民政府退守台灣，我們周家也面臨天翻地覆的變化。大哥、姐姐都還記得：共軍進武漢城的那一天，家家戶戶都像辦喜事一樣，在路邊歡天喜地、敲鑼打鼓地歡迎共軍。爸爸媽媽後來還告訴我：共軍進城的那天，還不到兩歲的我，穿著開襠褲，在路邊跟著大人扭秧歌，傻乎乎地蹦蹦跳跳，真是可愛極了。

殊不知，共產黨革命的成功，打破了我們家的一切。親美的國民黨政府潰敗，令爸爸失去了在美商美孚石油公司，收入優渥而且極具前途的工作。政權的更換，更造成了父親和寧波老家的妻子和兩個孩子永世的隔離，也造成我與父母親整整六年的分離。在那個動亂的時代，類似的家庭悲劇，天天都在中國的每一個角落裡上演著。

在美商美孚石油公司擔任華中區總經理的父親，被迫於 1950 年離開武漢，帶著母親和五個孩子遷移並定居香港。然而，當時香港人心惶惶，社會很不穩定，父親的工作並不理想，於是兩年之後，也就是 1952 年秋天，父親決定舉家遷往台灣。

父親在美孚華中分公司工作時，收入不菲。由於家裡孩子多，我出生後，父母親就雇了一位奶媽全職照顧我。遷居香港時，奶媽也跟著我們一家搬到香港，繼續照顧我。

父親的兩次婚姻，共生了七個兒子、一個女兒。他與大媽媽

1950 年，我們離開武漢之前在照相館照了這張全家的相片。前排左二是我。奶媽站在我身後。那時爸爸已經先行前往香港安排工作及住所。這張照片是我們出境大陸，進入香港的證件之一。

1950 年夏天，不到三歲的我，在武漢的照片。

生的兩個兒子最大，一直生活在寧波鄉下。我的媽媽生了五男一女，除了比我大一歲多的哥哥從小就過繼給了小舅，在武漢生活成長外，姐姐，三個兄弟和我，都在 1950 年底隨著父母遷居香港。兩年後，當他們從香港遷往台灣之前，奶媽帶著我回到武漢。直到 1958 年 2 月，爸媽才安排黃牛集團，帶著我偷渡到香港，再由香港送到台灣與他們團聚。由於這樣的安排，我成了周家在新中國成立後，唯一在大陸和台灣都生活過的兒子。

奶媽帶著我回到武漢時，我先住在奶媽家；不久後，她將我送到舅舅家，兩年後，我又搬到大姑姑家。1957 年秋天，他們將我送到上海的小姑姑家，次年二月我離開上海，偷渡到香港，然後搭乘飛機到台灣。在大陸生活的那些年，長輩們都對我很好，尤其是兩位姑姑對我猶勝己出。那些年，雖然物質生活貧困，但是，我並沒有吃到什麼苦。唯一遺憾的是：有好幾年我沒有生活在父母身邊。不過，當時因為年幼，我也沒有什麼失落的感覺。在我心裡，兩位姑姑就像是我的媽媽。

爸爸媽媽在台灣的五個孩子，大學畢業後都到美國留學並成家。畢業後，只有我回台灣工作。我與爸媽一起在台北住了幾年，彌補了童年時不在父母身邊的遺憾。尤其是爸爸在世的最後幾年，兄弟裡面只有我一人在台灣，幫媽媽分擔了一點照顧爸爸的工作，也盡了一點為人子女應盡的孝道。

我從香港又回到武漢

1952 年，當我們家要移居台灣時，奶媽由於在台灣沒有家人，決定要回武漢郊區自己的家。只有四歲半的我，吵著要跟奶媽回武漢。後來，爸媽告訴我：當時我吵著要回去找奶媽的女兒「丫頭」玩。由於家裡小孩多，年齡又接近，母親一人照應起來很吃力，而武漢又有外婆和舅舅，於是爸媽就讓我跟著奶媽回到武漢。他們心想：跟日本人也才打了八年，中國人自己的戰爭，一定很快就會結束，那時一家人就可以團圓了。

後來，哥哥姐姐們告訴我：小時候我很不乖，常生病、愛咬衣服，到了四歲多還常尿褲子。奶媽疼我，要帶我回武漢看中醫，還要找人幫我驅邪。如今，我的父母都已不在世，奶媽也失去了聯絡，當時的事情已無可考，然而，我至今仍有咬衣領的習慣。我穿的衣服，最先破損的一定是衣領。

舅舅家的俊儀表姐後來告訴我：我回到武漢時，已經快五歲，仍然還會尿床。他們找了個郎中，要到了一個吃烏龜肉補腎的秘方，他們就到市場買了烏龜燉給我吃，很快我就不再尿床了。到底是偏方有效，還是年齡到了就自然變好了，也就無從求證了。剛回武漢時，我先與奶媽家一起住，不久她的丈夫調差到外地，他們就把我送去小舅舅家，與外婆和舅舅一起生活。那時，舅舅家已經有兩個比我大的孩子和一個表弟，加上我還能應付。

本來，我的父母認為：國共內戰不出兩三年，不管是國民黨

我的外婆。1952 年，外婆住在武漢我的舅舅
家。媽媽很放心將我從香港送回到舅舅家。

反攻大陸，或者是共產黨解放台灣，我們一家人就可團聚。誰料
到事與願違，我與父母一別就是六年，而且，兩岸的敵對情勢非
但毫無紓緩跡象，反而日益加劇。

　　解放前，舅舅也是從事海產乾貨生意，被歸類為舊社會的小
資產階級，工作和生活都比較困難。而我因為父母親在台灣，也
成了新社會裡的一個小黑五類分子。我生來就是比較不乖的孩
子，加上父母不在身邊，我一直是個有叛逆性的小孩。

　　1955 年，我滿了八歲時才進舅舅家附近的牛皮巷小學。後
來，大人告訴我：我第一年在學校沒有什麼特別的表現。我從未
進過幼兒園，也沒玩過什麼玩具；所以，那幾年裡，我沒有留下
什麼快樂的童年回憶。

一段驚悚的經歷

因為舅舅的兩個妹妹（我的媽媽和阿姨）都在台灣，而且阿姨的丈夫是國民政府空軍軍官，武漢的公安局接獲密報說我舅舅是國民黨的地下工作人員。一天夜裡，幾個公安來到舅舅家裡搜查，說是要找藏在家裡的武器和其他的秘密工作證據。

公安人員搜查得很仔細，連隔間牆壁，天花板上面都不放過。折騰了一夜，雖然什麼都沒有找到，但是舅舅一家人都驚恐異常，我躲在外婆身邊，拉著她的手，一直發抖。後來，表姐告訴我：當時一家人都恐懼萬分，只有外婆還能保持鎮定，應付得當，才將場面穩住。由於外公過世早，家裡的生意和養育四個孩子，都是外婆一人包辦。外婆還曾經當過漢口市寧波商會會長。

搜查結束後，舅舅被帶去公安局訊問，過了兩天才放回來。大人們猜想：可能是因為我爸媽和阿姨都在台灣，姨丈又是國民黨空軍軍官；加上爸媽不時透過香港親友匯錢，支付我吃穿的開支，才招來這個大麻煩。

小舅年輕時，就繼承了家裡專營南貨海味的「同昌海味行」，解放初期，舅舅仍然保有著自己的生意，生活與解放前沒有太大的變化。然而，到了 1950 年代初期的反右、和三反五反運動開始，舅舅的海味行被收歸國有，他就成了一個公營商店的店員，而且還有小資產階級的歷史背景，算是個壞分子；一家人的生活受到了額外的衝擊。

| 冬濕冷夏酷熱的武漢 |

在我記憶裡，舅舅家住在漢口市民生路 106 號三樓，樓下是一家煤氣行。家裡前後一共有三間屋子，住了外婆、小舅、舅媽、他們的三個孩子和我，共七個人。進門的第一間是起居間和吃飯的地方，後面兩間則擠了七個人睡覺，走道的最後面則隔開一間充當廚房。一家人住在不到一百平米的房子裡，真是相當擁擠。

我在 2012 年回武漢探親時，表姐告訴我們：後來武漢市人口增加，建築跟不上。到了 1970 年代，他們住屋後面的兩間房，被分配給另外兩個家庭。也就是說：舅舅家只剩下一間房。那時，表姐和表哥已成家，住在外面，但是，年節放假大家都回家時，四代十個人都擠在那間屋子裡。那時他們用木板隔成一間閣樓，並在房間裡搭兩個臨時的床，晚上擠著睡，白天就當凳子用。雖然擁擠不堪，但是一家人在一起的時候仍然是其樂融融。

武漢的夏天非常酷熱，是長江沿岸三大火爐之一 （與重慶和南京齊名）。當時，非但沒有空調，連電風扇都不多。一到晚上，我們常把草蓆和其他寢具搬到屋頂的曬台或將竹床搬到路邊的小巷裡才能入睡。過了午夜，天氣稍涼，我們才能回到室內睡。

武漢是中國大陸南方最北邊，也是北方最南邊的城市。空氣中濕度很高，夏天濕熱難熬，冬天則是濕冷，容易凍傷。後來，我讀到一篇文章上面寫著：武漢的夏天，白天晚上一樣燠熱；武漢的冬天，屋裡屋外一樣濕冷。

在我的經驗裡，這個描述還真是貼切。後來我回到武漢訪親，看到幾乎家家戶戶都有空調，那個冬寒夏熱的苦日子，已經改善得多了。只是，兒時在舅舅家，天冷的夜裡，大人圍著火爐聊天，小孩在爐火鉗上烤年糕的樂趣，恐怕也已消失了。

沒有玩具的童年

那時，人民政府實施的公有制度失敗，民生物資的供應日趨緊張，家裡吃的、用的都很缺乏。我記憶裡，那時就很少吃到肉。

1959 年開始糧食配給，後來物資供應更緊張，憑票才能購買的東西普及到了食用油、肉類、布料、煤炭，甚至於雞蛋、花生、豆腐等。以肉類為例，在最貧乏的年頭，每個人每月只能憑肉票買不超過四兩的肉。雖然有四兩的配額，但是並不保證可以買得到。如果哪個月沒有買到肉，過期的肉票就作廢了。幸好，我在 1958 年初偷渡離開了大陸，剛好躲過了三年大災荒和接下來更苦的日子。

到了 1980 年代初期，因為供應充裕，肉票等才漸漸取消。但是，一些大的項目如彩色電視機、縫紉機等，仍然要有票才能買到。記得我在 1989 年春天出差到上海，要送一台彩色電視給小姑姑，還得用美金先到指定的地方去兌換一張外匯券，拿給姑姑，他們才能憑著那張外匯券到電器行去換一台電視機。改革開放之後，配給制度才漸漸鬆綁；到了 1993 年，改革開放十多年後，國家累積了較多的外匯，這個票券時代才完全退出歷史舞台。

　　那些貧乏苦難的日子裡，孩子們沒有什麼玩具。路邊的石塊、磚頭和鐵工廠門前成堆的廢鐵片，就成了我們的玩具。記得八歲那年，有一天我與幾個鄰居小孩在一個鐵工廠門口拿廢鐵當玩具，一不小心在左手食指深深劃了一道口子，頓時血流如注，趕緊回家包紮。這個傷痕，過了快七十年，至今仍然清晰可見。又有一次，與鄰居的小孩拿著一個螺絲起子坐在泥巴地上玩，看誰能把那個起子往土裡插得比較深，一不小心，我將那把起子擲上了自己的膝蓋，頓時痛得大哭。至今，那個小傷口也仍然依稀可見。

　　雖然小時候生活上貧乏困難，但是因為大家都窮，也不覺得特別苦。記得我回到台灣之後，聽到台灣的人都笑大陸是均貧社會。在物資普遍缺乏的時代，施政的重心本就在社會公平，讓大家都有碗飯吃。孔子在《論語》中曾經說過：「不患寡而患不均」，大概就是這個道理吧！

　　近年來，我常回到國內旅遊和探訪親人，看到現在的孩子們吃得豐富、穿得漂亮舒適，玩具也都講究教育性與安全性。家長還給孩子們從小學習英文、音樂、繪畫等。這種生活與我當時在大陸的童年生活，相差不能以道里計。雖然如此，每當我回憶起自己小時候的生活：夏天玩泥巴、冬天打雪仗、放學後打蒼蠅、用彈弓消滅麻雀……，其實，也是一樣的樂趣無窮。

姑姑家的天之驕子和小男丁

九歲時，我從舅舅家搬到也在漢口的大姑姑家住。大姑姑家裡有四個女兒，姑姑和姑丈對我這個小侄兒寵愛有加。家裡面有什麼好吃的，姑姑都讓我先吃；家裡偶爾會有點水果什麼的，如果只有一份，通常也是由我獨享；如果有幾份，也都由我先挑。那時候的我，也不懂什麼孔融讓梨的道理，來者不拒，在貧困的環境裡，享受著那份天之驕子的小特權與寵愛。

2000 年之後，我多次從美國返回武漢看望大姑姑，她還告訴我一些很有趣的往事：

她說我小時候非常頑皮好動；那時，他們家住在一間兩層樓老房子的二樓。我每天下樓都是騎在扶手上滑下來的，他們擔心我會摔落，叫我走樓梯下來，我總是不聽。

在屋裡，我常在地板上蹦蹦跳跳，他們也管不住。有一天，住在樓下的房東太太上來罵人：「你們家的小孩，怎麼這樣又吵又鬧，成天蹦蹦跳跳不停，把我們家天花板的洋灰弄得滿地的！」幾位表姐妹看到房東來罵人，嚇得都躲到房間裡；沒想到我卻跳出來，指著我們家地上的洋灰說：「你看看！我們樓上沒住人，洋灰也會掉落下來；你們屋頂掉洋灰怎麼能來隨便怪人，誣賴我們？」房東太太看看我們家地上的洋灰，覺得我說的也不無道理，自覺討不到便宜，就悻悻然地走了。

後來大姑姑和姑丈還感慨地說：「家裡還是有個小男丁的好，會保護我們，真是沒有白疼你。」

｜我當上了少年先鋒隊員｜

在大姑姑家，我轉學進了江岸區黎黃陂路小學就讀。有趣的是，這個小學的校址是二十年前媽媽就讀的懿訓女中的舊址。1953 年懿訓女中被人民政府接收，與另一所中學合併改編，改名為武漢二十一中，成為男女合校並且遷校，原校址改由黎黃陂路小學使用。1956 年我進了這所小學，結果，我和母親雖非前後期同學，但時隔二十年，我們卻是先後在同一個校舍讀書。

小學二年級那年，我在學校裡慢慢變得懂事也比較努力。因為學習成績優異而且活潑好動，我被選進了少年先鋒隊。五十年後回武漢探親，大姑姑還回憶起：那時我剛滿九歲，小學二年級就被選進少先隊是極不容易的。他們還記得，我上學時穿著整整齊齊的制服，胸前的紅領巾迎風吹起，真是帥極了。加入了少先隊，我們常被當地高中的青年團員帶隊，參加一些團體活動或免費觀看一些運動賽事。在那個困難的時代，能參加這些免費的活動，是一項很大的榮耀和享受。

那一年，我參加過比較有意義的一個活動是在 1957 年夏天，武漢長江大橋完成鋼梁合龍；我們少先隊員，隨著一些大哥哥大姐姐們去參加慶祝大典。那時我並不很懂得什麼偉大交通建設的意義；但是，跟著大哥哥大姐姐們邊遊行，邊歌唱，心裡充滿著興奮與歡樂。

在姑姑家時，我就讀於江岸區黎黃陂路小學，班主任魏明是武漢市的模範老師。後來返回武漢探親時，姑姑告訴我：有一天，市教育局的領導來校調研，在課堂上提了幾個問題，其他小

朋友都嚇得不敢出聲。只有我，非但不害怕，而且反應敏捷，精確地回答了那些問題。那些官員當場誇獎我，老師還給了我兩支鉛筆當作獎勵。回到家裡，我還拿著這個獎品向姑姑和表姐妹炫耀一番。六十年後，姑姑回憶起這段往事，都還津津有味呢！姑姑家的二表姐都還記得：「爸爸媽媽就是對你特別好，比對我們這幾個自己的女兒都還好。」

五十多年後，我和宛如還有兩位哥哥、弟弟都多次回武漢看望大姑姑。雖然已高齡九十多歲，老人家卻仍然腦筋靈敏、耳聰目明，而且身體健朗。每次見面，大姑姑都仔細詢問我們家的每一個人。離開時，老人家都會把我拉到一邊，耳提面命：「大毛毛，明年一定要再回來喔！大姑姑會等著你們的。有了孫子，要帶來看我啊！」

我在 2015 年有了個小孫女，還沒來得及帶她去探望曾姑奶奶，老人家就在次年辭世了。這是我們姑侄緣的一個憾事。

珍貴的姑侄緣

回想起來，大姑姑一直有個心願，就是要我帶著孩子們和孫輩回武漢慶祝她老人家的百歲大壽；我也很誠懇地答應她老人家：「我們一定會回來的！」姑姑仙逝之後，我與妻子宛如和小弟特地回到武漢祭拜姑姑，還在當地的一間寺廟為老人家辦了一場佛教法事，為在天上的姑姑祈福。

大姑姑一生生活非常清苦，第一位姑丈因為跳下湖裡救人，不幸溺斃；後來的姑丈身體不好，一直被肺疾困擾，一家人的生

計都落在姑姑一人身上。好在到了晚年，四個女兒都成了家，而且住在不遠，常常帶著孫輩回家陪她；姑姑算是苦盡甘來了。

2000 年後，我和宛如，二哥和小弟常從美國回到武漢看望她老人家。每次見到姑姑，她都會回憶起我小時候的一些頑皮趣事。她常說：看到我，就像是看到她的大哥一樣。她說我長得像爸爸，又說我的個性像爸爸一樣熱心，愛講話。有人說我個性或長得像爸爸，都會令我感到無比的溫馨與開心。

比起我的父母親，姑姑真可算得上是健康又長壽。然而，每當我說姑姑健康長壽，真是好福氣，她都會感嘆地說：「姑姑是苦長壽啊！」這個簡單的描述有些苦澀；但是「苦長壽」這三個字，卻真實描繪著大姑姑的一生。只是，在那個艱難又動亂的時代裡，又有幾個人能夠擺脫那個「苦」字呢？

好在姑姑的晚年，整個國家社會環境進步了，她的退休給付，每年都得到一些調整。她的四個女兒也都成了家，而且家境都不錯，女兒們也都常帶著孫輩來陪她，姑姑的晚年生活得到很大的改善。我和二哥和弟弟都到武漢看過她幾次，也帶給了她一些安慰。

比起後來的退休人員，大姑姑的退休金明顯的很低。後來，二哥、小弟和我每月匯一點點錢給大姑姑，讓她過得稍稍寬裕一點。對於我們的幫助，大姑姑總是推辭，但是我們堅持，說這一點點的孝心，是我們幾個侄兒應該做的。尤其是我，小時候爸媽不在身邊，姑姑一直特別呵護照顧我。

｜一次意義深重的姐妹團圓｜

2000 年之後的十幾年裡，我和二哥、小弟到武漢和上海看望過兩位姑姑好幾次。每次相聚，我們都覺得在她們身上似乎能捕捉到一點爸爸的身影；每次相聚，我們都感到無比的溫馨。

最有意義的一次聚會是在 2010 年。那年秋天，我和二哥及弟弟邀請大姑姑到上海與小姑姑團聚，她的兩個女兒蓓貝和雪妹也陪著媽媽前往。大姑姑在兩個女兒的陪同下一起搭乘高鐵才三個半小時就到了上海，覺得非常快速和舒適。年輕時，她每次到上海，都得乘客船，需要整整三天。

那是兩位姑姑十多年來第一次聚在一起。我們看到兩位老人家手牽著手，坐在一起寒暄話家常，旁邊又有她們的女兒、外孫們，和侄兒、侄孫圍繞，真是一幅最美的天倫之樂圖。

我和二哥、弟弟都覺得：如果在天上的爸爸媽媽知道我們邀請並安排這場家庭團聚，一定會感到很欣慰，會讚許我們的。

遺憾的是，那時小姑姑已經開始有點輕微的失憶症狀，短短幾天的團聚竟成了絕響。那次之後，短短幾年裡，兩位姑姑先後辭世，再也沒有見過面了。

在兩位姑姑們的晚年，我能與她們多次相聚，真是我的福分。然而，小姑姑晚年為失憶症所困，最後一次見面都已經認不出我來了。而大姑姑未能享壽百年，我也未能兌現承諾，帶著小孫女回去看望她，又未能親自為她送終，這些未能實現的心願，都是我們姑侄緣的憾事。小姑姑辭世後不久就遇上新冠肺炎，這三年多裡，我都未能回去為她掃墓，這又是一件令我遺憾的事。

高齡的兩位姑姑難得在上海相聚，大姑姑在左。

看她們笑得多麼開心！那年，大姑姑已經九十高齡，小姑姑年輕兩歲；兩人都身體健朗。

兩位姑姑與三個侄兒歡聚。

兩位姑姑和她的女兒及孫輩和美國回來的侄兒侄孫們聚餐。

　　幸好，在 2023 年初冬，我和宛如在表妹李一葦的陪同下終於到了小姑姑墓前為她掃墓，了卻了一樁多年的心願。

　　我因為小時候在大陸住了幾年，受到兩位姑姑悉心的照顧和養育，自然特別感恩。倒是二哥與小弟，從小就離開大陸，與兩位姑姑幾乎從來都沒有什麼來往，但是，我去看望兩位姑姑，他們都經常同行，甚至自己單獨前往，這份對家族長輩的尊敬與懷念，讓我特別感動。我相信我們的父母在天上有知，一定也會特別快慰。

依依不捨地離開小姑姑和奶奶

　　1952 年，我跟著奶媽從香港回到武漢，稍後，奶媽因為丈夫工作調動，舉家遷居外地，她就將我送到舅舅家。四年後，我又從舅舅家搬到大姑姑家住了一年；1957 年 9 月，我剛滿十歲，他們又將我送到上海的小姑姑家。到小姑姑家是因為姑丈在民航局工作，有公安關係，可以弄到路票，便於偷渡。經過幾次搬遷，我已經滿了十歲，與父母分離也已經六年。舅舅和姑姑們都對我很好，尤其是兩位姑姑，如果說她們對待我是視同己出，絕不為過。

　　我的父母和兄弟們在台灣過著小康幸福的生活，但是父母親對於留在大陸的這個兒子，卻總是掛念不已，而且這份思念之情與日俱增。再加上我已開始讀書，父母親在台灣的這層海外關

係，一定會對我未來求學和工作，造成不良影響。焦急的父母親透過香港親戚的聯絡，找到了一個黃牛集團幫我偷渡到香港，再搭機赴台。

　　當時的共黨政府對於人口流動，已經有相當程度的控管，好在對我這個才十歲出頭的孩子，還不是那麼嚴格。我的小姑丈在上海民航局工作，有公安關係，幫忙安排了一張路票，我就先從武漢乘船沿長江而下到上海。到達的當天，正是 1957 年的中秋節。那天我的叔叔剛好在上海，他到碼頭來接我，送我到寧波東路的小姑姑家。接我時，他帶給我一個豆沙月餅。在那個艱苦的

1957 年底我（右一）與奶奶及小姑姑一家人在上海照相館合影。遺憾的是，1958 年初離開上海之後，我再也沒有見過奶奶。

年頭，一個人就可以吃到一整個月餅，是非常難得的享受。那個月餅，我到今天仍然記得清清楚楚。

我在上海的小姑姑家住了四個月。由於小姑姑和姑丈都有不錯的工作，他們家的生活顯然要比武漢的舅舅和大姑姑家寬裕，他們對我這個侄兒也是愛護備至。

當時，奶奶也住在姑姑家，一家人都對我照顧得無微不至，那是我童年裡，最快樂的一段時光。小姑姑有三個兒子和一個女兒，年齡都比我小一點，我們每天玩在一起，四個月很快就過去了。

在那裡，雖然才短短四個月，我已學會了一口流利的上海話。那時，奶奶常和鄰居的老人們打個小麻將，我們在一旁看著；大人打完了之後，我們和幾個鄰居小孩也築起方城，比劃一番，其樂無窮。

到了台灣之後，我常與家人和同學們玩麻將，就是那時奠定的基礎。由於我是在上海學的麻將，後來我就只愛打十三張，對於十六張的台灣麻將，一直興趣缺缺。

那年的秋冬天，爸爸和姑姑忙著安排我偷渡的事情。姑丈又張羅到兩張到澳門的路票，並找了一位長輩帶著我到澳門，然後偷渡到香港。由於我才剛滿十歲，他們幫忙安排了一位我叫她「翠雲阿姑」的堂姑媽，帶著我一起經過澳門偷渡到香港。

1958 年 2 月初，爸爸和小姑姑安排好一切，我就在那位堂姑媽的陪同下，踏上了「回自己家」的旅途。當時的我，什麼都不懂，既無恐懼，也沒有將與父母兄弟團聚的興奮，就離開了我

離開大陸前，翠雲姑姑，帶著我照了這張合照，作為國內通行和進入澳門之用。

度過整個童年生活的大陸，告別了那裡照顧我多年的奶奶、外婆與舅舅和姑姑們，茫茫然地隨著那位不怎麼熟識的堂姑媽，走向一個未知的未來。

　　離開上海前，奶奶和姑姑都對我說：「你回到爸爸媽媽身邊後，生活就會過得好很多，而且他們會把你照顧得更好。」其實，我當時對於爸爸、媽媽，姐姐和兄弟們都沒有什麼印象。反倒是要離開奶奶和姑姑們，我心裡還真是很捨不得。我對於爸爸、媽媽的感覺反而很陌生；沒有期望、也沒有興奮，心裡一片茫然。我心裡這麼納悶著：姑姑們對我這麼好，爸爸媽媽還會更好嗎？

　　我哪知道：爸爸媽媽為了接我出來，不知花了多少心血與金錢。長大後我才知道：那次的偷渡，不僅讓我與父母兄弟團圓，它更將我從一個封閉貧窮的世界帶進了另一個截然不同的世界。

我的生活起了翻天覆地的變化，簡直就是有了一個全新的生命。

我的離開，躲過了大陸緊接著來的大躍進、三年大災荒、文化大革命和其間許許多多的政治動亂和社會革命，如果說我是逃過一劫，一點都不過分。其實，應該是說：我逃過了好幾個劫難。

十歲的小人蛇

1958 年 2 月初，我和翠雲姑姑拿著路票，從上海搭火車到廣州，然後轉到澳門。一路上，我都聽從奶奶和小姑姑的叮囑，乖乖地跟著翠雲姑姑，不調皮、不搗蛋、也不多話。三天後，我們順利到達澳門。

到了澳門後的一個晚上，偷渡集團集合了全國各地來的五六十名偷渡客，搭上一條輪船駛往香港新界。那是一艘比較舒適的大船，與後來電影和書籍上描述的那些逃難船完全不同。在新界外海，我們改搭較小的接駁船，在接近新界的淺灘下船，涉水上岸。那時正值二月隆冬，冰冷的海水，寒徹心扉，至今猶有模糊的印象。

上岸之後，我們趁黑跟著領隊的蛇頭走過一個山頭，那個山上住了許多有錢的英國人和香港人。他們家裡都養了狗。一路上聽到鄰近住宅裡的狗叫，我嚇得半死，害怕狗會跳出來咬我。走了約一個多小時，大家在山上一間空屋裡等待接應的車子來接我們。由於我年紀還小，經過一夜的折騰，疲憊不堪，就睡著了。

第一輛車子來時，大部分的家庭都搶著擠上了第一輛車，我

與堂姑媽和幾個睡著了的團友只能搭第二輛車。接我們的是兩輛大蓬貨車，上面裝著貨物，我們則躲在底部，將我們當做貨物偷運進香港。

當時車輛進入香港都得先通過崗哨檢查，其實，那些崗哨的衛兵都已被買通，通常都不會刁難。沒想到那晚第一輛車通關時剛好碰到上級臨檢，而又擠又悶的貨車內有小孩的哭聲被上級的臨檢人員聽到，結果原車被遣返大陸了。相信他們回去後一定會被嚴加控管，以後再難有機會偷渡離開。

很幸運的，等我們第二輛車通過時，上級臨檢的人已經離開，我們就安全過了關，進入香港。事後回想起來，我因為太累睡著了，而錯過第一班車，反而因禍得福。所謂：人算不如天算，誠不虛也。如果真的擠上了第一班車，我或許再也進不了這個新的世界，無法與父母兄弟團圓，那麼我就會有一個截然不同的人生了。

2008 年，初次與老家的兩位哥哥相聚時，他們就曾告訴我：我們的阿孃（祖母）曾經告訴人媽媽，如果我偷渡不成而被攔回，他們就會送我到寧波，由大媽媽照顧我，養我長大。

兩位哥哥還記得：我在上海時，奶奶還教我寫過一封信給大媽媽說，如果我偷渡不成功，奶奶就會把我送到大媽媽家。在信裡，我還說：我會很乖、很聽話，長大後一定會孝順大媽媽。大哥哥還記得：收到那封信後，大媽媽還一再交待他們，將來一定要愛護我，一切都要讓著我。當時奶奶也交代兩位哥哥：一定要讓我、對我好。這封信，他們一直都保留著，並且常常拿出來

看。一直到文革時抄家，才被紅衛兵收走燒掉。可惜我那時候太小，根本就不懂事，完全忘了寧波老家還有一位大媽媽和兩個哥哥。

如果我真的偷渡失敗被遣返，一生會如何變化，還真是無法想像。但我相信：賢淑又有愛心的大媽媽，一定會視我如己出，兩位兄長也會對我這個小了十幾歲的弟弟，愛護有加。只是，以我比較尖銳又倔強的個性，是否能像兩位哥哥一樣，對於社會制度加諸於己身的種種不公平待遇，逆來順受，平順地存活在那個社會裡，還真是很難說。

終身難忘的一碗燒臘飯

清晨時分我們到了山上的一間小房子。那是大家等待香港親友來接我們的地方。由於折騰了一夜，大家都又睏又餓，偷渡集團在香港的工作人員給每人送來一大碗燒臘飯。拿到那碗熱騰騰的燒臘飯，看到一大碗白米飯上面鋪陳著一排香噴噴的叉燒肉和切好的燒鴨腿，我簡直驚呆了。有記憶以來，我最多也就是吃到一點點肉絲，肉片，連一塊塊的紅燒肉都不常見；哪裡見過這種大塊又肥厚的叉燒肉、燒鴨大餐呢？

回過神來，我才小心翼翼地先把下面的白飯吃掉，然後才小口小口慢慢地品嘗猶如人間仙味的叉燒肉和燒鴨。一邊吃，一邊還在唸著：要是阿孃（奶奶）和姑姑也能吃到這個，那該有多好呀！

到了台灣及以後的幾十年裡，不知吃過多少真正的山珍海

味，各地美食，叉燒肉和燒鴨已成了再普通不過的點綴菜，然而，六十五年前的那頓燒臘飯卻實實在在地成了我今生最難忘的一頓佳餚。即使到今天，每次吃到燒臘拼盤或燒臘飯時，都還會帶給我一份特別的、甜甜的回憶。

一個幸運的「逃港者」

1949 年，中國的內戰結束，國民黨全面潰敗，千千萬萬的國軍，政府官員和經濟條件較好的老百姓，都帶著家人跟著蔣介石退守台灣，或者遷往美、日各國。那些無法搭上逃難飛機或輪船而又懼怕共產黨的一般百姓和殘兵敗將，就只能冒著生命的危險，跋山涉水、穿越叢林，逃到香港。短短一年間，逃到香港的難民就超過一百萬人；途中摔死、淹死和病死的還不計其數。

這些難民到達香港之後，大多都沒有親友收留或接濟，於是就流落街頭，靠乞食為生，也造成嚴重的社會問題與人道危機。到了 1951 年中，港英政府將其中七千多名傷殘老兵用大船集體遷往人煙罕至的吊頸嶺，集中管理。

吊頸嶺原稱照鏡嶺，本是香港山上一大片荒蕪的空地；後來一位加拿大籍的商人在那裡開了家麵粉廠。之後他經營失敗，於 1908 年 4 月在那裡上吊自殺了；那裡就開始被大家叫成吊頸嶺。

後來，港英政府為了改善難民四處流竄的問題，就把近七千多名難民都集中到吊頸嶺，提供基本的棚屋、帳篷和食物，算是暫時解決了部分的難民問題。一位難民公署的長官也把吊頸嶺改名為調景嶺（取意調整景象），算是給了那塊地方一個比較文

明、比較人性的名字。那裡的居民絕大多數都是前國民黨軍隊的傷兵和逃兵，他們都認同在台灣的中華民國政府，也都懸掛青天白日的國旗。他們都期待國軍能反攻大陸，帶著他們回到故鄉。

像我這樣從大陸逃到香港的人還真不少；從解放到 1979 年改革開放之前的三十年裡，根據非官方統計，成功逃抵香港人數超過二百萬。他們有的是逃到香港與家人親友團聚，並在香港追求較好的生活。也有一些逃港者，根本沒有親友家人在香港，他們離鄉背井逃出來唯一的信念就是：無論如何，只要能出來，一定比留在家鄉好。

在 1959 年到 1961 年大陸自然災害的三年裡，常常一天就有上千人透過山路、叢林、水路逃往香港。其間，不幸在逃亡時被抓遣返或淹死摔死的也不計其數。有許多逃港者，因為沒有家人親友的收留，被集中拘留，後來又被遣返。遭到遣返者，回到大陸就會面臨被批判、勞改或監禁的處罰。

比起這麼多不幸的人，我這個偷渡客實在是太幸運了。嚴格說來，我不是個逃港者；我只是路過香港。

到了香港那天上午，爸爸的另一位堂妹，我叫她「雲仙阿姑」，也就是翠雲阿姑的姐姐，到新界接我們到她在九龍的家暫住。雲仙阿姑的丈夫是邵氏電影公司的會計經理，住的房子很大；家裡有幫傭，吃的用的都很高級，讓我初次嚐到了資本主義社會生活的甜頭。

在香港的那幾天，他們先急著幫我買了一套小西裝，並換了鞋襪，還理了個港式的頭髮。他們說，這樣子出門比較不像大陸

在香港時，雲仙姑姑要我穿上新西裝及新球鞋，以免看起來像大陸難民。但是，我覺得我仍不像是個香港小孩。我旁邊的小表弟倒是個標準的小港仔。

來的難民，不會被警察盤查。那時，為了遏制氾濫的難民，香港警察常在路邊攔下衣衫不整或穿著土氣的人，檢查證件；如果沒有合法居留的證件，就會被遣返大陸。

在那裡，我每天吃好，睡好，他們當我是遠道來的小貴客。我天天大魚大肉，很快就適應了這個資本社會「剝削階級」的飲食。接到父親從台灣寄來的機票後，他們送我到啟德機場，我就一個人搭上 CIT（後來改名為中華航空公司）的班機飛到台北松山機場。

那次離開香港後，一別就是二十三年；一直到 1981 年冬天，我從台北出差到香港，才算是舊地重遊。那時，我在台北的一家公關公司工作，公司承包到那年荷蘭對外貿易協會在台灣辦理商展的宣傳工作。該協會利用一艘巨大的商船，在東亞比較大的港口舉辦海上浮動商展，推銷荷蘭商品。台灣地區的展覽在基

隆港舉行。

展後，該船繼續開往香港和馬尼拉展覽招商。我和一位同事被他們招待，乘著那艘商船到香港和馬尼拉遊玩。

在香港時，店家和民眾都說廣東話，我與他們言語不通；他們對於只會講國語的人也不友善，對於講英語的外國人反而笑臉向迎，熱情巴結。我總覺得那些人蠻勢利眼的；所以，我對那個地方沒有什麼特別的好感，那裡的人對我們也沒有什麼親切感。本來抱著滿懷期盼地去做一次好好的舊地重遊，沒想到得到的卻是滿腹的失望。或許，經過一百多年的英國殖民統治，他們已經不覺得自己是中國人了吧。

｜我成了一個「反共義士」｜

1958 年 2 月 9 日，一個藍天白雲，氣候溫和的下午，我搭乘的 CIT 航空班機在台北市松山機場徐徐降落。那是我有生以來第一次搭乘飛機。十歲的我，就這樣堂堂皇皇地進入了台灣。在當時，能搭乘飛機逃難，還真是極為難得的一個經歷。

那時，台灣都把從大陸逃到台灣的人都叫做「反共義士」；就這樣，我成了一個的不自覺的，或者是被動的，「反共義士」。

那個年代，接機的人都可走到停機坪，在飛機旁邊迎接到達的親友。飛機停妥後，我的臉貼著小玻璃窗好奇地看著一大群的接機人群，也搞不清楚誰是我的家人。看到有兩個大人帶著幾個小孩朝著我的窗口招手；想到舅舅和姑姑給我看過的相片，我猜想大概就是這一家人吧。我就胡亂地揮揮手。下了飛機，他們迎

上來，我才曉得他們真的就是我的家人。我心裡想著，好險啊，我沒有認錯人。

父母和兄弟們都熱情地擁抱我，爸爸媽媽都叫著我的小名，一直說，「大毛，回來就好，回來就好！」看到媽媽眼裡都噙著淚水，我還覺得有些奇怪，不是該高興的嗎，為何要哭？才十歲的我，哪裡懂得什麼是喜極而泣啊！見到親愛卻又陌生的父母，姐姐和兄弟們，我反倒是有些緊張而不知所措了。

那時我還小，又不懂事，哪裡會了解，為了讓我回到爸媽身邊，他們費了多少心血和金錢？一切都是因為我四歲多還尿床，咬衣服，又不懂事；而奶媽是好心地要帶我回武漢去找法師驅邪收驚，並找偏方治病。

我的新世界，新生活

短短一個小時的飛行，就將我從一個封閉，動亂又相對落後的社會帶進了一個比較繁榮安定的新世界。更重要的是，我又回到了父母親身邊，回了家。

出了機場，我們一家七口，上了爸爸的汽車，經過台北最寬闊的敦化南北路，回到了在八德路（今天仁愛路圓環旁四維路）的住家。在當時的台灣，有私家汽車的家庭很少，通常只有很富有的商人或達官貴人家裡才有私家車。我心裡在納悶著：「爸爸一定很有錢吧！或許他是國民黨的高官或者是個大資產階級吧；

難怪在武漢時，公安要搜查舅舅家！」

後來，我才知道，爸爸哪是什麼有錢人；能開自己的車是因為他在汽車修理廠當廠長。當時，有美軍顧問團和美軍駐守台灣，當那些美國軍人調防離開台灣時，就先把車子賣給修理廠。車子保養好，還沒賣掉之前，經理、廠長就可開回家；如果有好的價錢，爸爸就買下來自己用。爸爸雖然開著私家車，但其實，他頂多就只是一個中上等收入的受薪階級。

第一頓喜宴，一個文化的大震撼

剛到家的那一天，正好爸媽要參加一個喜宴。那時，他們吃喜酒通常都會帶一個孩子一起去。那天，他們就帶著我去。

爸爸媽媽將我介紹給好多位叔叔伯伯和阿姨們，大家都誇我長得好可愛；也有人說我長得像爸爸，聽得我飄飄然。我在上海住了四個月，已經會講一口流利的上海話。那晚，我用上海話與爸媽的朋友們交談，他們對大陸的情況都有很濃厚的興趣，問題也都圍著讀書和生活方面打轉，我也都詳細回答。那時，在台灣的小孩，會講上海話的，還真是少之又少。

那頓喜酒，對我又是一個文化震撼。大盤大盤的菜，一共上了十道，還有湯，甜點和水果。我吃得不亦樂乎。爸爸媽媽都叫我少吃些肉類的「粗菜」，多吃些海參螃蟹之類細緻的菜。我哪聽得進？一番狼吞虎嚥，爸媽口中所說的那些粗菜就把我給填飽了。

大人們都忙著喝酒聊天，吃得並不多；好幾盤菜沒吃完就撤

走了。我心裡覺得真浪費；我心裡想著，這麼多的菜，足夠姑姑舅舅家吃多少天啊！心裡面我也在納悶著，這一頓飯要花多少錢啊！

那天，爸爸特別高興，喝了不少酒。後來，我才知道爸爸最愛喝幾杯，而且喝多了，常令媽媽生氣。但是，那一天，媽媽一點都沒阻攔，而且自己也跟了好幾杯。人逢喜事分外爽，誠不虛也！

回到家裡，哥哥姐姐告訴我們，阿姨下班後趕來看我。那時，阿姨在中壢的石門水庫工作，要搭一個多小時的車才能到。她專程來看久違的外甥；沒見到我，她就留下了一盒牛肉乾、一盒豬肉乾，回家去了。

我們回到家，哥哥他們把兩盒肉乾拿給我。「哇！又是肉！」我真的被嚇到了。牛肉乾有點辣辣的，豬肉乾甜甜的，還真是好吃！來看看外甥就送了牛肉乾和豬肉乾做禮物，「天哪，這是多麼的奢侈啊！」我已經吃得很飽，但是，仍然忍不住打開吃了幾片。兄姐們看我那個饞樣了都忍不住笑了出來。

我好奇地問哥哥姐姐們，「這兩盒肉乾要花多少錢啊？」後來他們還常笑我，那時我可能是窮怕了，看到什麼東西都問要花多少錢？爸爸下班帶蛋糕回家，我馬上先問多少錢？他們幫我買了新衣服，我還沒試穿就問是不是很貴，要花多少錢？

就這樣，我很快就融入了這個資本主義社會的小康家庭，每天過著幸福富足的生活。後來讀書時，書上寫著：「由儉入奢易容，由奢入儉難」，誠不虛也！我有時想，如果再讓我回到大陸

上那個少油少肉，又沒有零食的日子，一定會是很痛苦的。

接下來的十幾年裡，我在台灣成長受教育，雖然沒有什麼特別的傑出，但是我求學的過程算是相當平順。在 1960 年那個時代，在台灣學理工，比較優秀的大學生畢業後大都要出國留學；其中，絕大多數都是到美國。我學的是新聞，其實並不需要留學，但是，因為哥哥姐姐們都在美國，加上爸爸媽媽的鼓勵，我也糊里糊塗地走上了留學之路。

留學生涯，感謝姐姐姐夫的照顧

大哥學的是數學，弟弟學的是化學，他們都是拿到全額獎學金才出國留學。姐姐與二哥都拿到免學費的獎學金，而且姐姐、二哥和小弟大學畢業後，都先在台灣工作兩三年，存了些生活費才出國。只有我，沒有獎學金、沒有工作存錢；1970 年從政治大學新聞系畢業，服了一年兵役，我就拿著爸爸媽媽的養老存款，到美國全額自費留學去了。

雖然爸爸媽媽都積極鼓勵我留學，但是，我顯然不是一個很會為父母親著想的兒子。唯一值得安慰的是：我在政大從未好好讀書，但是，到了美國，因為花的是爸爸媽媽的養老金，而且學費、生活費又貴，我才算是開了竅，好好讀了兩年書。1973年，我順利拿到碩士學位。與其他的留學生比起來，我的留學生涯可說是相當的平順舒適。

這一切，都得感謝姐姐和姐夫李育中博士的幫忙。從政大畢業後，我利用服兵役的的那一年申請學校。幾個月裡，我得到好

幾所大學碩士班的入學許可，其中也有幾家頗具盛名的學校。然而，我覺得出國讀書主要是學好英文，去哪所學校並不那麼重要；加上當時姐夫在西維吉尼亞大學教書，爸爸媽媽就鼓勵我去那裡，好讓姐姐、姐夫就近照顧我。

我在 1971 年 8 月到達學校時，姐姐正懷著她的第一個小孩，媽媽在那裡陪她待產及坐月子。我一到學校，就有媽媽和姐姐照顧；而姐夫也是愛屋及烏，對我特別好。離開了台北時，家裡只有爸爸一個親人；到了美國，直奔姐姐家，那裡又有媽媽在，我好像是回到了我另一個家，所以馬上就適應了這個陌生的國度。

姐姐他們當時住在一棟租來的兩層樓房子的樓下，我則在樓上租了一間房。每天晚餐都下樓到姐姐家吃，中飯是從姐姐家帶便當或三明治。姐姐、姐夫都不讓我幫忙做家事，吃完晚飯還可看看電視和逗小外甥玩玩，日子過得輕鬆愉快，讀起書來，也得心應手。

一般的留學生都得自己做三餐、買菜、洗衣服，而且還要忍受寂寞和想家的痛苦。比較起來，我簡直就像是把台北的家搬到了美國。

小時候在大陸，有兩位姑姑的呵護照顧；長大留學時，又有姐姐姐夫的照應，幸運之神似乎總是眷顧著我。

一年後，姐夫進了位於匹茲堡的西屋公司做核能發電工程師，他們一家人搬到匹茲堡，我才開始過真正的留學生生活。好在那時我已適應了美國的生活，英文也已經有些進步，一切都已

1972 年，姐姐一家搬到匹茲堡，我每個週末都去他們家度假打牙祭並逗小外甥李維倫玩。

經駕輕就熟。加上匹茲堡與西維大的所在地摩根鎮只有一個半小時的車程，為了方便我週末去看他們，姐姐姐夫送了我一輛二手的法國車。一到週末，我就開車到姐姐家度假打牙祭，回程時還帶上姐姐為我準備的食物，日子還是比一般的留學生要好得多。

有了一輛汽車，又讓我追求女友多了一個便利。1973 年拿到碩士學位時，已有了一位穩定的女朋友。學成之後，我們一起回台灣，第二年就在台灣成了家，至今已快五十年。這一切的順利，我都要誠摯地感謝姐姐、姐夫當年的幫忙和照顧。

我成一個了反動分子

我的留學生涯也並非完全平靜無波。剛到美國時，我開始接觸到許多有關中國大陸的報導。1972 年，文革已進入尾聲，中美乒乓外交剛剛開始；美國總統尼克森敲開中國的大門，受邀訪

問中國；大陸慢慢走向世界，美國媒體和民眾對這個與美國隔離了二十多年的東方文明古國產生了極大的興趣。

電視、廣播與平面媒體對中國的報導真可謂是鋪天蓋地，而且，報導內容也不像台灣的媒體那樣一面倒的負面，甚至充滿著許多浪漫性的想像和天真的敘述。有趣的是，我來自台灣，對於大陸的一切也都很陌生，但是教授和一些同學都愛跟我打聽中國大陸的一切，從政治，社會到體育，文化無所不包；我儼然成了一個「中國通」。

在那個年代，其實，中國大陸才剛剛開始擺脫文革的動亂；中國展開乒乓外交並進入聯合國。美國政府希望拉攏中國制衡蘇聯，媒體與民間也都鬧哄哄地上演著「中國熱」。那時的美國政客與媒體，完全不介意中國的封閉與極權。連我這個完全外行的年輕學生都常常在課堂上被老師邀請對中國政治、社會和中美關係發表意見。

諷刺的是，中國經過近四十年的改革開放，經濟規模和整體國力已列世界第二；美國感到其世界霸權可能受到威脅，政府和媒體反而開始充斥著反中的氛圍和報導。想到過去因為聯中抗蘇的戰略需要，美國極力拉攏文革時代那個落後動亂又極權的中國，對他們的封閉專制也不聞不問；近年來，卻對進步而且相對開放的現代化中國橫加打壓阻擾，我算是真正地體會到美國政府和媒體昨是今非，令人不恥的一面。

那一年，就像許多其他台灣來的留學生一樣，我對「新中國」產生了一些新的想法，也對這個已經離開多年的祖國，產生

　　了一絲絲浪漫的歸屬感。畢竟，我出生在中國大陸，而且在那裡生活過十年，精神上的歸屬感很容易就被連結起來了。我心裡也特別喜愛那些對中國比較友善的報導。在台灣當時的政治制度下，對中國大陸的任何同情或好感都是反動的，都是反叛國家的；也都是被禁止的。

　　在與台灣同學的通信裡，我就開始與他們分享他們看不到，也聽不到的一些資訊，而且我也毫不掩飾地與他們分享我的感受。沒有想到，那些信件卻被政府的保安單位查到，一位留在政大讀碩士的女同學，因為與我通信，還被安全人員關切查訊。我給她的信也被收走，帶回去研究調查，保安人員還叫她好好開導我。那位同學很緊張，就在信裡暗示我：多讀書、少談政治，也不要太偏激。哪知道，我收到那封信之後，非但沒有收斂，反而罵她鄉愿落伍，還直接批評她思想保守、冥頑不靈。

　　看到她後續的來信勸導，我非但沒有警覺，反而越罵越兇，最後她只能偷偷到我家，告訴我母親要我注意。後來她又請一位赴國外出差的朋友從國外寄了一封信給我，告訴我事態嚴重，加上爸爸也利用出國的機會，從香港寄了一封信，告知嚴重性，我才收斂了些。為了掩飾我們有海外渠道，我還故意慢慢修正我的觀點，讓那些特工們以為我是真的被她開導成功，「改邪歸正」了。

　　到了次年（1973 年）我快拿到碩士學位，一心想回台灣工作，但是爸爸媽媽都勸我不要馬上回國；他們勸我先找個工作或讀個博士，等過幾年風聲平息後再回國。不過，我膽子大，拿到

碩士學位那年八月就回到台灣工作，而且進的還是官方的中央通訊社。

在中央通訊社的歲月

回到台灣，我透過爸爸的關係，進了中央社新成立的英文商業新聞組。在中央社，我每天上午六點半就上班，進了辦公室就要很快地看完前一晚所有美聯社、合眾國際社、路透社、法新社，紐約時報和華爾街日報等媒體的外電財經訊息。我們將那些英文電訊加以刪減、編排、做標題，然後在八點鐘截稿，由專人打字油印並用訂書機裝訂後，九點之前由專人送到總統府、行政院，外交部、經濟部、新聞局、國貿局和國民黨中央黨部等政府機關，供相關負責人進辦公室之後，第一時間參閱世界各地的最新時事，尤其是財金和經濟新聞。那年正逢石油危機，財金新聞非常熱門。

那段日子裡，我每天兢兢業業地工作，也沒有被追究以前的那段反動歷史。過了一陣子，我還在英文中國郵報兼差，擔任英文商業月刊的編輯。

當時，中央社的社長魏景蒙是蔣經國的親信。我每天準時上班、準時交件，倒也沒有出過什麼差錯。後來，我辭掉中國郵報的兼差，加入魏先生與中國信託集團及傳播界一些朋友合資的一家名為聯太國際的公關出版公司兼差，擔任業務經理並兼任三本英文貿易雜誌主編。

那一段時間，我年紀輕輕、身兼數職，收入豐厚，是個讓人

欽羨的歸國學人、青年才俊（就是今天大陸所通稱的海歸派）。成了家，立了業，有了孩子，兩年前的那股熱愛祖國的心中熱火，也就無風自滅了。

那幾年裡，適逢國際石油危機和台灣的經濟起飛，每天財經方面的消息特別多。我每天工作的時間很短暫，但非常忙，基本上，我算是勝任愉快。然而，這一段的職業生涯裡，我並沒有什麼特別值得驕傲的地方。

值得我高興的是：因為工作需要，我每天一大早就可看到國際上最大通訊社和報紙最新的新聞、專訪和評論。我的職責是處理財經方面的資訊，當我八點半鐘下班時，我常將一些有興趣的政治和其他世界大事的電訊，帶回家慢慢讀。我常覺得，我當時在台灣是對國際大事消息最靈通的人士之一。

在那個時代，沒有今日的網路新聞，一切的世界大事都得等待第二天報紙的報導，即使是當天的晚報或電視新聞，也是好幾個小時之後的事，而我常常是最先知道國際新聞的人。中國大陸的重大新聞，我也常比其他人早幾個小時知道；而且，我所看到的都是未經刪減過濾的第一手資料。

當時台灣媒體對大陸事件的報導，大多是報憂不報喜，而且對於災難事件的報導往往都有些幸災樂禍。讓我記憶最深刻的是1976 年，那是中國大陸天翻地覆的一年：一月八日周恩來去世、四月五日天安門事件、六月朱德病故、七月唐山大地震、九月九日毛澤東去世、十月六日四人幫被捕。這些歷史性的事件，自然引起全世界各國政府及民眾極大的關注，台灣的媒體對這些

事件，也都大篇幅地報導並評論。

那些年，我每天都帶著許多電訊回家，這些都是完整、未經刪改的原始外電資訊，我常常一天都要花一兩個小時仔細閱讀各國媒體的報導，並與台灣的媒體報導做些比較。我觀察各國媒體對於中國近代史上三位最重要的政治領袖逝世後的評價，很明顯的，各國媒體對蔣中正（他於 1975 年 4 月 5 日逝世）的評論可說是褒貶參半；對於毛澤東則明顯的是貶多於褒，一般的評價都說他是偉大的軍事家，但是治國無方；至於周恩來，國際上的評論則明顯的是褒多於貶。

我在中央社一直工作到 1979 年 3 月，我到美國加州拿綠卡為止。拿到綠卡後，那年年底我又回到台灣，繼續在那家公關出版公司工作，而且升任副總經理，直至 1983 年全家移民至南加州洛杉磯郊區。

｜反共教育一個失敗的範例｜

我在大陸八歲才進小學，中間輟學和偷渡又耽誤了半年；1958 年春天，我十歲半離開大陸時，才讀完兩年小學。那年二月到了台灣後，媽媽帶我到台北市大安區的幸安小學插班就讀。我們家的兄弟和姐姐都在幸安小學就讀至畢業。校長了解我的狀況後，問了我幾個問題，覺得程度可以跟得上，他就對我媽媽說：「既然已經讀完二年級，那就從三年級開始讀吧！」那時下學期正要開始，媽媽一聽，覺得不妙，對校長說：「他弟弟在你們學校讀四年級，讓他比弟弟還低一班，恐怕不太好吧！」就這

麼一句話，媽媽幫我跳了一級半，校長讓我直接進了四年級下學期。

在學校，我的功課還跟得上，雖然不是很出眾，但算得上是中上。只是我在大陸沒學過國語注音，學起來特別困難，一直到今天，我都不會注音符號。加上我兒時生活在武漢，當地的方言沒有捲舌音，所以我講國語碰到捲舌音時，都還是困難重重，該捲舌時不捲，不該捲時又亂捲，毫無章法。

當時台灣社會上，報紙、廣播甚至教科書裡，都充斥著反共抗俄的宣傳與教育。我每天讀到、看到、聽到的都是「萬惡的共匪」如何蹂躪百姓之類的宣傳，連我們這些小學生也都無法避免。

其實，與台灣其他的孩子們比起來，極少有人像我這樣，曾親身經歷過那些社會動亂而又貧困的日子。按理說，我應該最積極反共；只是，在我身上，這些反共教育和宣傳卻似乎沒有起到任何成效。

從五歲起，我在大陸過著父母不在身邊、物質條件極度貧乏的生活。到了台灣後，重回父母身邊，食衣住行也得到翻天覆地的改善，我的生活簡直就像是上了雲端，進了天堂。照理說，我應該擁抱新生活的一切，要痛恨過去的「苦難」才對。然而，奇妙的是，我並沒有因為苦難的童年而揚棄大陸的一切。即使我不一定擁抱共產黨，但是，我對於自己出生地的中國大陸一直有著一股莫名的情感連結。

這種對母國的歸屬感，隨著年齡的增長，與日俱增。一直到

今天，我仍然對自己出生地的中國大陸充滿著憧憬、關懷與熱愛。對於今日大陸的成就，我都雀躍不已；每當大陸遭受災難，我就會感到非常難過。對於近年來美國為了維持它的霸權而極力打壓中國發展，我也感到非常憤怒，不恥。

我十歲半離開大陸，在台灣生活了二十三年，在美國先後居住了四十三年。雖然在國內住的時間最短，但是，我對母國的認同與熱愛，卻遠遠超過我對第二故鄉台灣和第三故鄉美國的情感。

對於毛澤東晚年發動文化大革命的荒謬與其造成的社會與政治動亂，尤其是文革對教育文化的破壞和加諸於百姓身上的苦難，我內心充滿著失望與痛苦。然而，作為一個新聞工作者，我總是盡量避免直接撰文批評中國政府；即使是無法避免時，我對於祖國的批評也都是盡量地避重就輕。

與朋友們討論那段歷史時，我也總是比較消極沉默，這與我對於人與事一向善惡分明、勇於批判的個性，有著極大的落差。有些朋友說我對中國大陸的喜好有些過分。然而，我寧願保持這一份天真與執著。我總覺得毛澤東個人對革命鬥爭的偏執並不能代表中國共產黨，更不能代表國家；我不能因為他大躍進和文革等等錯誤的政策，而放棄對自己祖國的熱愛與認同。我並不完全贊同共產黨的一切，但是，中共政府領導國家的發展與成就也的確是中國歷史上絕無僅有的。

我的情感超過理智？或許是吧！

過去四十年來，大陸民智漸開、教育普及，人民與國外交流

頻繁，經濟快速成長，中產階級擴大，人民也有更多的管道表達意見。這三十多年來，大陸的百姓能自由出國求學、旅遊、經商和居住，對西方的政治制度和思想也都有相當的接觸。我相信在這些背景之下，中國大陸將不會出現另一個毛澤東。即使再出現一個強勢又有野心的領導者，中國的人民也不會支持他發動大規模的階級鬥爭或顛覆性的社會運動。

經過大陸政府長期的扶貧努力，儘管今天社會上仍然有相當程度的貧富差距，但是，那些諸如紅五類、黑五類的階級不平等，已經不復存在。更何況，即使在經濟最發達的歐美國家，貧富不均也是無可避免的。

回到國內做肝移植延續生命

從五十歲開始，我的肝功能就一直不好，兩項基本肝功能指標 ALT（麩丙酮酸轉氨酶）與 AST（麩草酸轉氨酶）都是正常數值的兩倍。根據醫生的診斷，我患有 B 型肝炎（乙肝），所以，多年來，我每三個月就得抽血檢驗肝功能。幾年下來的驗血報告顯示，我的肝功能都維持在一個不正常卻穩定的水平。

2005 年 12 月中，我又做例行的抽血檢查。還未等到化驗結果，我就收到二哥從紐澤西州打來的電話，告知媽媽病危。我和宛如就立刻飛往紐約想見媽媽最後一面。沒想到，就在我們飛行途中，媽媽就已經離開人世。我們沒能見到媽媽的最後一面。我

的姐姐與幾個兄弟和媽媽的孫輩們也都先後趕到紐澤西州奔喪。前後待了一個多星期，我才回到洛杉磯。

到了一月初，我到家庭醫生陳建洋大夫診所看診，驗血報告顯示肝功能指數有了明顯的惡化，他立刻將我轉診給一位肝膽腸胃專科的陳青秀大夫。她讓我照腹部超音波，顯示肝右葉有兩個陰影；她再令我到加州大學爾灣分校醫院做核磁共振（MRI）檢查；結果證實，我已患第三期的肝硬化，而且我的肝臟有兩個各五公分大的惡性腫瘤。

爾灣加大的肝科主任說我的兩個腫瘤太大，加起來佔滿了整個右肝葉的一大半，無法進行部分切除治療；我有超過一個惡性腫瘤，而且各有五公分，我在美國不能做肝臟移植。基本上，醫生告訴我，就不必治療了，回家多休養，好好度過最後的三到六個月。聽到這個噩耗，我和宛如都被嚇到頭皮發麻。我心有不甘；難道我的一生就這麼走到了盡頭？

聽完醫生的「判刑」，診療室柔軟的鵝黃色牆壁突然變成了慘白色；低著頭走出那棟醫療大樓，我只覺得一陣天旋地轉，幾乎無法站立或移動。宛如緊緊地攙扶著我，我們慢慢的、步履艱難地走到停車大樓。短短不到幾百公尺的路，我們幾乎走了快半小時，兩人默默無語，好像整個世界都停止了轉動。我想安慰她，但是不知要如何開口；我猜想她也是一樣。

到了車子旁，宛如說她要開車回家，但是我把鑰匙搶了過來。我覺得她比我更難過，更無助；我應該在有限的日子裡多幫她做一些事；至少，我要顯得堅強一點。

　　拿著那個 MRI 光碟，過了兩天，我又找了一位專科醫生諮詢，得到的結論還是一樣：他也要我放寬心，好好過剩下的日子。他甚至提醒我，最後的一段日子會疼痛難當。

　　絕望之際，我又回到陳青秀大夫診所，誰想到；她竟然給了我絕處逢生的一線生機。她告訴我，兩年前，她在一個偶然的機會裡從一本在飛機上的雜誌知道天津有一所大醫院，器官移植做得非常好。她曾經介紹兩個病人去做肝臟移植，都成功回來了。她問我要不要考慮去。聽到這個消息，我和宛如迫不及待地說我們要去。這個唯一的生機，我怎麼會放過！

　　聯絡上了那裡器官移植部的朱志軍主任，他要我將檢驗報告用電郵寄給他們。他同時又要我馬上照肺部 X 光及做全身骨骼掃描；因為，如果肝臟癌細胞轉移，一定是先蔓延到肺部或骨骼。如果已經擴散轉移，他們也不能進行移植了。那幾天，緊張地做檢驗，等結果。我非常幸運，兩項檢查結果都是陰性。

　　拿到檢驗結果，我們匆匆辦了簽證，買了機票，兩人就在四月十八日懷著忐忑不安的心情，踏上了征途。1958 年離開大陸後的四十八年裡，我只回去過兩次，一次是在 2001 年秋天和宛如帶著女兒回去參加全國精華遊；另一次是 1989 年去上海出差，為我工作的印刷廠尋找投資設廠的機會。兩次都是輕鬆地飛過去，滿載而歸地回來。這次卻是去做一次生死搏鬥，成功了，或許就能續命；如果失敗，就馬上沒命了。

　　為了讓我在飛行途中能好好休息，我們特地破費買了中國國際航空公司飛北京班機的商務艙機票。等待登機時，登機口外的

服務台廣播我們的名字，並告知我們都被升等到頭等艙。我覺得那是一個幸運的好兆頭。但是，因為心裡壓力大，即使有可以完全平躺的皮座椅，我一路上也沒有怎麼休息到；頭等艙在座位旁現場烹調的海鮮和牛排大餐我也吃不下。酒就更別提了。

四月十九日晚上六點飛機到達北京首都機場，天津第一中心醫院的一位年輕醫生拿著有我名字的牌子在出口處接我們。出了機場，救護車已經在那裡等待，直接驅車前往天津。那位年輕的住院醫師崔子林大夫隨車照顧我。他對我說，「周先生，你看起來蠻好的，應該沒有問題。」這是三個月來，最讓我振奮的一個消息。我那天出了機場，感覺非常好；倒是宛如，因為擔心我，離開前又要安排家裡的一切，每天都沒睡好，看起來很憔悴，倒更像是個病人。到達天津後，我們直接住進他們安排好的一家賓館。

第二天，醫院給我做了進一步的檢查；醫生告訴我們，我的身體狀況可以接受器官移植，但是我們要等待肝源。他們說，等待的時間，短則一個月，長則半年，誰都說不準。於是，我們就開始了那漫長的等待。由於我的肝有兩個五公分大的惡性腫瘤，隨時可能擴散；那個似無止盡的等待，簡直就像是度日如年的煎熬。

為了延緩癌細胞的成長和擴散，醫生先幫我做了介入手術（台灣叫做栓塞），以阻斷癌細胞的養分供給。這樣可以短期預防擴散。

我們住在醫院附近的酒店，剛開始時，我排在第十五名。等

了整整一個月，我們每天去醫院探詢，但是名單上的移動卻非常緩慢，我幾乎已經要放棄了。我想先回到美國再繼續等，等到快輪到我時再飛過來。但是，在美國的家人和朋友都勸我耐心地留在天津等，以免長途飛行勞頓，傷害身體。醫生也要我再等等看。

沒有想到六月一日上午九點，我們剛吃好早餐，回到房間，突然接到醫院的電話，說有一個年輕人車禍喪生，家人願意捐肝，而且血型與我相配。他們要我中午十二點之前到醫院做術前體檢並準備接受手術。

突如其來的好消息讓我們倆有些驚慌失措；快快地，我們發電郵通知在美國焦急等待的兒子女兒和兄姐弟弟以及朋友們。洗了個澡，整理一些衣物用品，我們就匆匆趕到了醫院。

與醫生短暫討論了手術的過程與可能的風險後，我們簽了手術同意書。經過體檢灌腸等程序，我兩點鐘被推進十二樓的手術房。由於來得突然，我和宛如就在手術房門前匆匆告別，根本沒有交代萬一手術失敗的後事。手術室外沒有家屬等待的地方，護士交代宛如回酒店等候消息。就這樣，我們就匆匆地告別，或者永別了。

宛如回到酒店，不安地等待結果；一面整理我們的衣物，一面與在美國的家人和友人聯絡。晚上十點，電話鈴響了，她顫抖地接聽電話，收到手術成功的好消息，她興奮地跳了起來，馬上趕到醫院。隔著恢復室的玻璃窗，看到全身插滿管子的我，她真是憂喜交加；喜的是我手術成功，憂的是那個漫長而且前途未卜的康復之路。她告訴自己，至少，我的命是救回來了。她感謝醫

六月一日晚上，宛如看到醫生取出我滿布癌細胞的肝（應該粉紅平滑的肝表面，卻像是柏油路面），嚇了一跳。

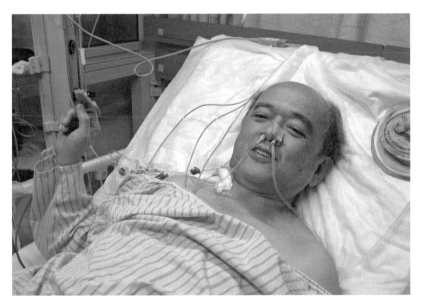

看到手術後滿身插著管子的我，宛如憂喜交加。

生和護士們的救命之恩，也默默感謝上蒼和周家先人的護佑。

就這樣，經過八小時的手術，腹部縫了六十四針之後，我獲得了第二個生命！冥冥中，似乎一切都是命定：我離開祖國四十八年，從未忘記祖國；生死關頭之際，仍然是自己國家的醫護人員救了我，給了我重生。

在等待換肝和後來恢復的期間，家人和朋友的支持讓我變得格外的堅強。離開美國前，正在康乃爾大學攻讀企管碩士的女兒一帆特別從紐約飛回來看我們，為老爸打氣，並將我們的銀行、信用卡、房貸、保險等帳戶設定為網路付款。這樣，她媽媽在天津就可上網處理一切財務事宜。

在等待換肝的期間，在哈佛大學攻讀軟體碩士的兒子一先特地從美國東岸波士頓飛到天津來陪我們，為爸爸媽媽加油打氣。宛如和兩個孩子的關愛與支持是讓我堅強無懼的動力。在等待和後來住院恢復的期間，我在美國的兄弟姐姐和工作夥伴們幾乎天天都來電郵關懷。這些關心，讓我覺得非常溫暖，也給了我更大的信心和力量。

最令我感激的是，不適合長途飛行的姐姐，為了這個弟弟，不辭辛勞，從美國東岸南卡羅來納州轉機花了二十幾個小時趕到天津來看望我。我是六月一日晚上十點鐘完成手術，第二天中午宛如到北京首都機場接不遠萬里趕來的姐姐。她來到病榻前，當我看到她那張疲憊不堪又蒼白的面容，我忍不住掉下淚來。她還勉強擠出一絲絲笑容鼓勵我；我真覺得那不只是手足之情，而更像是她帶著爸爸媽媽的關愛來探望我，幫忙照顧我。我事後想

想，如果萬一我手術失敗，又沒有姐姐來幫忙，還真不知道宛如一個人要如何善後呢！

除了極少數幾次到英國看望她遠嫁英國並在倫敦工作的女兒之外，姐姐幾乎都沒有出過美國。1971 年初到美國留學，我就是靠著姐姐的照顧，度過最困難的第一年；這次又是她。這份恩情，我永遠都不會忘記。

我們晚餐吃的都是宛如在紐西蘭的小弟翼翔在天津地方教會的弟兄每天晚上七點鐘專程送來的豐盛晚餐。他們都與我素昧平生，但是卻充滿愛心地每天為我祈禱並送餐，實在是盛情感人。

在等待換肝的時候，五月十九日正好是我和宛如結婚三十二週年的紀念日。那天，我們等待肝源已經整整一個月，而且不知道還要等多久，兩人情緒都極為低落，沒有什麼心情來慶祝。但是想想，那可能是我們最後一次的結婚紀念，幾經琢磨，我們還是決定在旅館的西餐廳，吃個自助晚餐算是慶祝。那天，平日非常忙碌的餐廳生意卻極為清淡，空蕩蕩的大廳，包括我們只有不到十個客人；似乎呼應著我們低落、悲戚又沉重的心情。

那晚，我們靜靜地回憶起兩人三十多年來在一起的日子，不免又掀起一股就要永別的悲戚，我們也彼此許諾，以後每年今天，我們一定要好好地慶祝。只是我害怕那是我們最後一次的結婚紀念，卻又不敢說出來，心裡實在非常痛苦。

我們不免回想起兩年之前，我們結婚三十週年的那天，女兒一帆瞞著我們邀請了六十位朋友，安排了一個驚喜生日宴。我們事前完全不知情，她只說要請我們吃飯慶祝。到了餐廳門口，發

我換肝手術之後的恢復期間，姐姐每天都與宛如一起在醫院陪我，照顧我恢復。

在空蕩蕩的西餐大廳裡，我和宛如度過了一個冷清又沉重的結婚紀念日。我們倆臉上還是勉強擠出了一絲絲的笑容。

現整個大廳都黑漆漆的，我們覺得好奇怪。等我們小心翼翼地走到門口，大廳突然燈火全開，所有的朋友和家人都大聲呼喊：「Happy Anniversary（結婚紀念快樂）！」把我們嚇了一跳。連兒子都從波士頓偷偷飛回來參加慶祝。那天我興致特別高，喝了好幾杯紅酒。僅僅時隔兩年，六十個人的狂歡派對，怎麼變成了只有兩個人的冷清，空蕩。

六月一日換肝手術之後，在醫院恢復修養了一個月，我們回到洛杉磯，我又回到職場，恢復了正常的生活。經過這次劫難，我更加珍惜自己的生命，也開始注重身體保健。醫生叫我盡量少喝酒，每頓飯不要超過一杯紅酒。我還有些失望，心裡想著，那怎麼夠啊！誰會料到，向來好酒貪杯的我，換肝之後，看到酒，連一點興致都沒有了。其實，並不是我想戒酒，而是那個肝原來的主人，可能從來就沒有喝過酒吧！兩年之後，我回到天津看望醫生護士們，我還和朱主任開玩笑，「為什麼沒幫我找一個有酒量的肝呢？」

換肝已經十七年半；這段時間裡，我基本上身體都很健康，算是一個非常成功的病例。這一切，我都得感謝陳青秀醫生的推介，天津第一中心醫院醫療團隊賜給我的新生命；我更要感謝父母親在天上的護佑。妻子宛如在我生病和治療的整個過程中非常鎮定，是我精神上最大的支柱。因為她這十幾年來悉心的呵護和照料，才能讓我活得平安順利，活得健康快樂。

十一年前兒子結了婚，後來家裡添了兩個可愛的小孫女；非但我的生命得以延續，我們的家庭也得到開支散葉的果實。

第六章

寧波的周家

　　我們家幾代之前就落籍於浙江寧波，一直到我祖父時才遷往湖北省武漢市經商，做海產乾貨生意。祖父在武漢經商，他的母親（我的曾祖母）仍然長住在寧波府，鎮海縣灣塘村的老宅。父親隨著他的父母在武漢成長讀書。1931 年，父親二十歲那年，回到老家，承父母之命、媒妁之言與大媽媽成婚。他們婚後回到武漢，在五年裡添了兩個兒子。1938 年，入侵的日軍佔據武漢之前，大媽媽帶著婆婆（也就是我的祖母）和兩個兒子回到寧波鄉下，躲避戰火。爸爸則隨著他工作的郵局，撤遷到重慶。

　　在後方的那幾年裡，爸爸與我的母親相遇、相知、相愛，又組成了新的家庭，並在抗戰時期添了三個孩子。1945 年，抗戰勝利之後，爸爸帶著新的家庭回到武漢，他於次年回到寧波，預備接大媽媽和兩個兒子回武漢。然而，大媽媽婉拒了他的安排，決定留在寧波鄉下。因為時局的變化，除了那次短短的五天團聚之外，爸爸就再也沒有與大媽媽和兩個大兒子一起生活過。

　　隨之而來的內戰，國民黨軍隊潰敗，在 1949 年到 1950 年間，一百多萬的軍民隨著國民政府撤退到台灣，也有許多百姓遷往香港，再轉往台灣。1950 年底，父親也帶著武漢的家人遷往香港。由於時局動盪而且情勢急迫，他未能回鄉下帶寧波的家人同行。

寧波周家，一個動亂時代悲劇性的產物

一直留在寧波的周家就成了一個動亂時代所造成的悲劇性產物。經過對日抗戰、國共內戰，到國民黨全面潰敗撤台，國共兩黨隔海分治的這幾個歷史環節，寧波周家的三個成員：大媽媽和她的兩個兒子，擁抱在一起，度過重重考驗與打擊，艱苦卻堅強地生存了下來。

解放後三十年艱苦的歲月裡，他們也曾迷惘過、懷疑過，甚至埋怨命運，但是他們從未放棄過。他們一路逆來順受，頂風而行，儘管大部分的歲月只能勉強維持溫飽，他們仍然奮力前進，等待苦盡甘來的一天。

大媽媽也一直暗暗地期盼著，有一天，遠方的丈夫會回來與一家人團圓。兩個孩子也期盼有一天，爸爸會回來，給他們一個完整的家。

然而，重重的磨難和無奈的困境，一直附著在寧波周家一家人的生命裡，似乎永無止境。一直到 1970 年代末期，鄧小平開始推動改革開放政策，才讓這個苦難家庭的生活得到實質的改善。他們一步一步，默默地向前走，終於過上了雖不富裕，卻無憂無慮，溫飽平順的日子。但是，他們終究沒能等到他們終生所期盼——丈夫，父親回來團聚的那一天。

1938 年，大媽媽和兩個兒子在武漢照相館的留影。從這張照片可以顯示當時他們生活得很不錯。

河西路六號的周家老宅從清朝末年起，就是灣塘周家六代人一百多年來的棲身之所。破損的外牆，生鏽的鐵門，見證著歲月的痕跡。一直到 1988 年，我的母親才協助他們在祖宅旁的空地上，蓋了一棟兩層樓的新屋，改善了擁擠又破舊的住家環境。

抗戰期間，三餐不濟的八年

父親與大媽媽於 1931 年承父母之命、媒妁之言在寧波成婚，婚後回到武漢；在 1933 年和 1936 年，他們迎來了兩個兒子，過了幾年忙碌卻幸福的日子，直到 1938 年。

當時，華東和華中的抗日戰爭正在如火如荼地進行著。這個家庭，三個女人帶著兩個稚齡的孩子，從武漢經過重重關卡，顛沛流離回到寧波老家。

好不容易回到老家，一家人才剛安定下來，因為要便於與在重慶的父親通信，一家人很快又遷往上海法租界一位爸爸的堂姐家借住。

到了 1941 年，叔叔和嬸嬸因為在淪陷區經商困難，結束他們在常州的生意，帶著三個孩子也到那位堂姐家擠著住。由於實在擁擠不堪，到了 1942 年冬，祖母決定帶著大媽媽和叔叔兩家一共九個人又搬回到寧波府灣塘村的老家。

那些年，國統區與淪陷區的訊息經常中斷、匯兌也不通，一家人生活日趨困難。祖母湊錢給叔叔做生意也都是有去無回。家裡十口（包括曾祖母）的生計，主要就靠小姑姑一人教書的收入，加上大媽媽一個批售白米的小生意來支應。

當時物價飛漲，薪資都是以食米結算。那時，小姑姑教書每月酬金是食穀 180 斤，折合大米 130 斤。大媽媽則與一位親戚合作，在駱駝鎮租下一個小店面，向鄉下農家批一點米到店裡零賣，賺點蠅頭小利貼補家用。當時，這點收入根本不夠維持一家十口的溫飽。基本上，那幾年裡，一家十口是一日三餐粥。

　　不夠的部分，就由祖母變賣家裡的細軟來支應。那時的日子真的就是三餐不果腹。每到星期六放學，大哥和二哥就走到七里外的外公外婆家，吃兩頓乾飯打牙祭。外公家有六畝水田種稻米，兩畝旱田種棉花，糧食供應比較寬裕，加上他們僅有的兩個女兒都已嫁人，所以每周都能讓兩個外孫回來飽餐兩頓。這是兄弟倆每個禮拜吃得最飽的兩天。

　　星期日回家時，外公和外婆都會給他們十幾斤大米，兩人背著米走路回家，當做每周一次的糧食補給。星期天午飯之後，兄弟兩人就歡歡喜喜地背著兩袋米回家。

　　一直到七十年後的今天，他們都還記得：每逢週末，到外公、外婆家飽食兩餐，是他們童年最美好的時光。外公、外婆平日也都節衣縮食，好一點的東西都要留到兩個外孫回來時，才捨得拿出來吃。

　　在我們灣塘的周家，1943 年，曾祖母生病，家裡只能借錢醫治，拖了半年去世。因為家裡沒錢辦喪葬事宜，而且還積欠一些醫藥費，祖母只得將家裡僅剩的一畝八分水田賣掉，辦理喪事並還債。賣掉那一畝多的水田後，灣塘村的周家成了真正的無產階級。

大媽媽拒絕變賣新婚的家具

　　到了次年，也就是抗戰的第七年，家裡能變賣的東西也都已賣光，經濟情況更是山窮水盡了。祖母乃提議賣掉家裡唯一還值些錢的床和木器家具，但是大媽媽拒絕了。大媽媽平日一切都聽

2010 年，我和宛如坐在爸爸和大媽媽八十年前結婚時的那張新婚床上留影。

一直到 2022 年底老家被拆遷之前，歷時逾九十年的「百年好合」喜聯仍然保留在破舊的木造祖宅裡。

從婆婆，這次卻態度反常的堅定；因為那張床和鑲了貝片的櫃子是她與丈夫結婚時的新房用品，她不願意割捨。

一直到 1993 年大媽媽病逝，這套新婚時買的新房家具仍然保存如新；即使到了今天，歷時九十年，這套家具仍然完好如初地保留在家裡。這是家裡最珍貴的物品，也是爸爸與大媽媽這段並不美滿的婚姻最珍貴的回憶。

長大懂事後，兩位哥哥才了解，即使是在抗戰最艱難的時候，他們的母親拒絕賣床和木器家具，是因為那是他們爸爸和媽媽結婚時的新房用品。那是母親與等待多年的父親之間，一個不能割捨的連結。甜蜜的往事已漸漸變成苦澀的回憶；但是，她仍然不能割捨那份連結，那份念想。

一直到 2022 年 10 月老家被拆遷之前，他們結婚時新房門框上貼的「百年好合」四個大字，仍然被保留在那裡。九十年前貼上有「百年好合」那個吉祥語的紅紙早已經破損剝落，它無情地印證著爸爸與大媽媽那段聚少離多、命運多舛的婚姻。

經過幾年捉襟見肘的日子，1944 年家裡真是到了山窮水盡的困境。過去的七年，雖然日子困苦，但是在祖母的主持下，大媽媽和兩個孩子與叔叔一家仍然住在同一處的兩間木造祖屋裡。兩家人每天一起開伙，一起吃飯，也一起餓肚子。到了這一年秋天，祖母實在撐不住了，乃極端無奈地決定讓她的大兒媳婦與小兒子兩家人分家。

其實，除了前後兩棟老舊的木造房子各分一戶外，兩家只有一些共用的家用品，此外，整個周家別無長物。所以，很容易就

完成了「分家」的工作。說來也可憐，當時家裡只有十五碗大米，一家各分到七碗半的大米，加上一點舊家具、舊炊具、碗筷等隨便分分；兩家人就算分家完成，各自開伙了。

那時，大媽媽也停止她在外地販賣稻米的生意，回到家裡照顧兩個兒子，並開始在附近村裡幫人做裁縫，一天酬金一斤半大米。報酬雖然不高，但是，這個工作每天供應一頓午餐，大媽媽至少可以每天中午飽餐一頓，晚上把食物省下來給婆婆和兩個兒子吃。

分家之後，小姑姑歸到祖母與大媽媽這邊。由於她有教書收入，每月收入大米 130 斤，加上大媽媽的裁縫收入，和兩個兒子每週末到外公外婆家拿回來的白米，這個小家庭反而能吃飽了。那時，長子寧武已經十二歲，常到田野路邊割些樹枝雜草來當柴火，用白米換些蔬菜和一點肉，日子還算是改善了一些。

1945 年秋天，日軍投降，爸爸又與大媽媽和兩個兒子聯絡上了。父親並未立刻返回家鄉。那時他們已間接得知父親另有家庭，而且有了三個孩子。爸爸一直到 1946 年夏初才返回家鄉，與闊別八年的妻子及兩個兒子團聚了五天。然而，繼之而來的國共內戰和隔海分治，卻造成父親與寧波家人永遠的分離。抗戰造成的妻離子散長達八年，但是，國共內戰造成的夫妻和骨肉分離卻是整整的一輩子。

解放後的寧波周家

　　共黨軍隊於 1949 年 5 月 25 日解放寧波。大哥清晰地記得：
當時他在寧波城裡讀書，城裡的有錢人，都已逃到香港、台灣或
國外。當時，要逃出去，一定得先到上海，轉經香港；他們住在
鄉下，沒有資訊也沒有錢；而因為時局變化太快，父親也沒有辦
法來接他們，這家人只能留在鄉下聽天由命。

　　共軍進城時紀律特別好，執行了共產黨中央要求的「三大紀
律，八大要求」，真正做到了不取群眾一針一線、不損害莊稼、
不打人罵人、不調戲婦女、不虐待戰俘。城裡的消息傳到鄉下，
有錢的人大都已經逃了，一般的鄉民幾乎都是以迎接王師的歡悅
心情來歡迎解放軍。

　　5 月 26 日，共軍追著潰敗的國民黨軍隊進入灣塘村。共軍
未進鄉時，潰逃的國軍帶著鄉長、保長和甲長沿路強入民宅，將
金錢財物洗劫一空。他們將搶奪來的錢財叫做「慰問金」，不給
慰問金的鄉民就被那些逃軍痛打一頓。當時許多人都感覺到，紀
律破敗至此，這個軍隊怎麼會不敗亡呢？

　　灣塘解放那天，大媽媽和兩個兒子都在家裡，他們很慶幸：
家徒四壁，反而沒有被逃亡的國軍打劫。

　　新中國成立之初各西方國家都與共產中國決裂，並關閉使領
館；那時，只有美國仍然保留與新政府的外交關係。這種關係一
直維持到 1950 年秋天；那時，朝鮮攻打南韓，南韓部隊一直敗
退到釜山附近。美國透過聯合國組織聯軍協助南韓反攻，並一路

推進，幾乎佔領整個朝鮮半島，直逼中朝邊界。

到了那年十月，中國發起抗美援朝，派遣自願軍進入朝鮮半島支援朝鮮對抗美國領導的聯軍。隨即，中美兩國政府關係徹底破裂。那年十一月，美國全面經濟制裁中國，實施禁運。與其他的美商企業一樣，美孚公司全面撤出在中國的營運，父親被迫倉促離開武漢，遷居香港。

到了香港之後，爸爸進入香港美孚公司工作。那時，香港美孚分公司已有總經理，而且全國各地的高級經理人員都到了香港。爸爸被派到的職位並不理想。但是，父親有一份穩定的工作，比起大多數其他逃離大陸的人們，已經幸運得多。

由於時局變化太快，爸爸未能安排寧波的妻子和孩子一起離開。到了香港之後不久，父親又聯絡上了寧波的家人。雖然他的收入大不如前，而且香港物價高漲，但是，爸爸仍然和寧波的家人通信，偶爾匯些錢回家，貼補家用。

由於工作不理想，生活壓力很重，當時香港社會治安也不好。一年多之後，爸爸媽媽決定舉家遷往台灣。剛到台灣時，因為政府政策，與大陸通信和匯兌都中斷了。失去爸爸的經濟援助，大媽媽和兩個兒子的生活更加艱苦了。

在寧波鄉下，剛解放的初期，基本上，社會的變化不大，市面上也都相對平穩。但是到了第二年，就開始有了變化。

原來的保長和甲長都在地方政府改組中被解除職務，思想前進的村民被任命為閭長。在農村，閭是村下一級的地方單位。

1950 年，地方政府開始組織農會並組織土地改革工作隊到

農村進行土地改革。政府將農民劃分為地主、富農、中農（又分上中農、下中農）、貧農與雇農。當時的策略是動員貧農、雇農，來團結中農，打擊地主與富農。基本上，地主的土地都被充公，由政府按家庭人口分配給貧雇農。

土地改革工作大隊與貧雇農組織的農業協會，將地主劃分為善霸與惡霸。當時的口號是「不是惡霸不鬥爭」，惡霸都是以前仗勢欺人、剝削佃農的人。他們之中，有人會被人民法庭判處徒刑或死刑；也有一些惡霸，沒有經過法律程序，就在土改大隊和農民協會組織的鬥爭大會上被當眾凌辱，甚至毆打致死。後來，有許多跟隨國民黨政府到台灣的民眾終生堅決反共，可能是因為他們留下的家人，被那些粗暴的鬥爭傷害或殺害所造成的。

大媽媽一家於土改時被評為職員成分，相當於農民裡的中農成分，是貧農與僱農團結的對象，未受到打擊。

他們一家，由於沒有土地，而且大兒子是一般職工，二兒子仍然在學，這番土地改革對他們的生活沒有造成太大的影響。然而有一次，二兒子目睹一場鬥爭大會上，一個惡霸地主被活生生地打死，心裡受到極度的驚嚇，而導致心智傷害。回到家裡，他的媽媽和哥哥被嚇得不知所措，四處求醫；經過很長一段時間的療養，他才慢慢地從那個陰影中走出來。

大哥寧武七歲才上小學，由於抗戰時在寧波、上海間來回遷徙，小學讀了八年，到了 1947 年，十四歲時才讀完小學。那年，在小姑姑的陪同下他考進了私立浙東中學（教會學校），學費比較貴。在父親的經濟支援下，他用了三年，順利的讀完初

中。浙東中學後來改制為公辦寧波四中。

｜因繳不起學費，兄弟均輟學｜

大哥於 1950 年從浙東中學畢業，雖然因成績優異獲選免試進入寧波四中高中部；然而，後來因為湊不出學費，被迫輟學。1951 年與 1952 年，經人介紹到灣塘小學當代課老師，那是一個沒有薪資的自願職。大媽媽不願意兒子成天待在家裡無所事事，所以就鼓勵他去做代課老師，學些社會經驗。

那兩年的工作雖然沒有酬勞，但卻為他日後的退休俸，增加了每個月 42 元的特別補助金。雖然這是一筆微不足道的小錢，如今在鄉下也只夠兩個人在小館子吃一頓簡單的中飯；然而，每個月看到退休帳目上的這筆小錢，仍然會帶給大哥哥一絲絲又苦又甜的回憶。容易滿足的大哥，還是會有一股苦盡甘來的欣慰。

弟弟寧江原來也就讀寧波四中，因為學費考量，他在 1949 年轉學大中中學（後來改為六中）。畢業後他考進了六中高中部；但是，就像他的哥哥，由於繳不起學費，他也被迫輟學了。

1952 年，大哥到上海小姑姑家住了幾個月，希望透過姑丈的幫忙，能找到一個有工資的工作。小姑丈計劃介紹他到一位朋友開設的化工廠做業務員。本來一切都已安排妥當，一家人都雀躍不已，覺得好日子要到來了。然而，卻因為不幸碰到當時搞得紅紅火火的五反運動，中國的工商資產階級被徹底解體，那家化工廠營業不振，不再擴充，大哥哥找工作賺錢的夢想也就落空了。

｜用外婆家的田地加入合作社｜

那年，大哥回到鄉下仍然找不到工作。幸好那年秋天，政府要在農村實現糧食統購統銷政策，這項工作需要大量基礎資料，大哥透過大媽媽朋友的幫忙進了鄉政府做文書整理，核實各村耕種情形，二哥被安排到區政府做統計助理。當時這兩個工作都只供給伙食，沒有工資。到了 1952 年秋季，農村要擴大搞合作化運動，各村要建農村合作社，需要財務會計人員；大哥被指派去接受縣府組織的財務速訓班。

那年底，政府出台規定：只要捐出家裡的田地，就可參加農業合作社。由於周家的 1.8 畝水田都在近十年前就被賣掉給曾祖母治病並辦理喪事，大媽媽只能求助於娘家，二哥就用外婆家的兩畝旱田入股，參加了農業合作社，種植棉花。

在財務速訓班結訓後，大哥進入農業合作社當會計；由於家庭成分不好，他只能到低級農業合作社工作，而且，工作之餘，還得下田做農耕，晚上還有開不完的會。由於工作負擔太重，加上營養不夠，大哥不久就病倒了，整整調養了半年才恢復。

到了 1956 年，大哥任職的海星低級合作社與金星、銀星兩個低級社合併成為一個叫永棉的高級合作社。由於能力較強且工作努力，大哥被升任為高級社的主辦會計。但是，由於成分不佳，他的工作比旁人多，責任比別人重，但是薪資卻比別人低。因為那是一個「唯成分論」的社會，家庭成分不好的人，就只能做比旁人多的事，而拿比別人少的錢。

大哥常常覺得這個社會不公，然而，那是一個由上而下治理

的極權體制，如果你成分好，就是幸運；如果成分不好，你也投訴無門。幸好大哥個性平順，與人無爭，否則，他還可能會吃更多的苦頭。

同一段時間，二哥的經歷也是一路坎坷。1951 年初中畢業後，因為經濟困難，他也輟了學。那年，他去上海小姑姑家暫住，適逢隸屬民航局的上海航空學校第一次招考新生。透過小姑丈介紹並經過非常激烈的競爭，二哥考進了航空學校。那是一所完全公費的學校，而且畢業後會有很好的前途。二哥考取了航空學校，一家人都非常興奮，大媽媽也因為兒子有好的前途而雀躍不已。

開學那天，一家人興高采烈地送他去學校；二哥還領到了一套嶄新的制服，滿懷希望地迎接一個嶄新的未來。殊不料，開學一個月後，學校發現他的爸爸在台灣，他也因此「政審」不通過而被刷下退學。

這次被退學對一個才十幾歲的孩子與家人都是一個極為沉重的打擊。在上個世紀 80 年代改革開放之前，有家人或親人在海外，尤其是歐美、台灣或香港，都背著可能通敵的嫌疑。他們在求學、工作和生活各方面都受到不平等的待遇。更何況，兄弟二人的爸爸在台灣，那是最不好的地方。

出於無奈，二哥只能回鄉參加了農業合作社。只是，他沒有被分派到職員的工作，而是被分配下田做農務。

1952 年開始，一家人都靠著大媽媽一人做縫紉工作的收入過日子，生活非常拮据；1955 年起，兩個兒子都有了支薪的工

作，生活得到較大的改善。他們總算是過上了吃得飽肚子的日子。然而，三年的平穩日子很快就走到了盡頭，等待他們的是另一個社會運動，一個空前的社會主義大實驗。這個新的政治社會運動，就是一個更大膽，而且史無前例的「大躍進」。

｜災難性的大躍進：大煉鋼與人民公社｜

正巧在 1958 年 2 月我離開大陸之後，毛澤東主政下的中國政府開始推動大躍進。大躍進的主要政策落實是工業上的全民大煉鋼和農業上的人民公社。這兩項社會主義的大膽試驗，不幸地造成工業和農業生產的大衰退。人謀不臧，加上接踵而來的三年天然災害，大陸人民生活頓時陷入更大的困境；在寧波老家的大媽媽和兩位哥哥的生活，也隨著大環境而變得更艱難。

「大躍進」這個名詞首先出現於 1957 年底人民日報的社論。到了次年五月，中央通過了第二個五年經濟計劃；這個運動正式出台，開始在全國農村展開。

「大躍進」包含了兩個主要發展綱目：工業方面是發展「全民大煉鋼」，而農業方面則是農村集體化。全民大煉鋼是毛澤東工業超英趕美夢想的一個大膽嘗試；「人民公社」則是農村集體化的落實。

1958 年起，在全國各地大部分的農村，每個家庭的鐵製用品，包括爐具、廚具、門窗把手、鐵框、鐵條等等，都得繳出來，集中送到由黏土和磚頭搭建成的「小高爐」融化，再提煉。當時全國有六十多萬座小高爐。由於材料不純，加上煉製方式落

後，煉出來的鋼鐵，大都是劣質品或者根本就是廢鐵。1958 那一年，非但沒有超英趕美，資源的浪費與農業生產力的下降，將國家經濟和人民生活推進一個更深層的深淵。

大躍進那一年，大媽媽一家人的生活並沒有太大的改變：大媽媽繼續做裁縫、大哥做會計和農務、二哥繼續下田。當時，全國的農業合作社都被改為人民公社。人民公社基本上是以鄉為單位的行政和生產單位，通常下設生產大隊或生產隊，永棉高級社被改制為莊市區人民公社的灣塘大隊。

基本上，當時的口號是「組織軍事化，生活集體化」。生活集體化的具體做法，就是在每個生產大隊設置公共食堂。每天早晨，大媽媽母子三人都到大食堂吃早飯；飯後，每個人到自己的工作隊工作，中午也是各自回到公共食堂吃，吃完再繼續工作。每天傍晚收工後，三人就到食堂打飯打菜，回家一起吃。由於當時在灣塘並沒有嚴格收繳所有鐵製廚房用具，他們偷偷留下一兩件廚具，偶爾還會在家裡做點私房菜。

由於在大煉鋼的計劃下，使用的材料大都是破銅爛鐵，提煉方式又很老舊，也就是土法煉鋼，生產出來的鋼鐵，品質參差不齊，許多都不堪使用。毛澤東原來計劃 1958 年要提煉出 1,070 萬噸鋼鐵，可是，那年的產量不到計劃的一半，而且次級品和廢品充斥。那年的工業生產不進反退；結果，非但沒有超英趕美，與歐美的差距還更進一步拉大。

大煉鋼運動的結果是：超英趕美成了個遙不可及的目標和口號。

　　同時，大量農村生產力被用來煉鋼，造成農業生產的減少，而吃大鍋飯的心理（反正多做少做都一樣）極大地影響了農民生產的積極性。1958 年的農業產量較前一年稍有增加，但是後面四年卻逐年減少；更甚者，中央政府按照各級地方政府虛報、浮報的產量徵收糧稅。產量降低，糧賦卻提高，加上 1959 年開始的天然災害，造成廣泛的缺糧與饑荒，在全國各地造成大量農村居民因為糧食過度缺乏而餓死。

　　幸好寧波鄉下情況不是那麼差，大媽媽和兩個孩子，雖然面對極為困苦的難關，但他們勒緊褲帶，安然度過了最難熬的三年。

　　大躍進推出一年之後，全民大煉鋼和人民公社就被叫停了，鄉下的生活又都恢復了原狀。然而，這兩項政策所造成的影響，以及 1959 年開始的天然災害卻對老百姓的生活造成了極大的災難。

　　劉少奇在 1962 年北京召開的七千人大會上指陳：三年大災荒（官方叫做三年困難時期）的原因是「三分天災，七分人禍」，而毛澤東則要完全歸咎於天災。這個爭論，加上其他一連串的路線鬥爭，造成了毛劉的決裂。到了 1966 年，文化大革命開始，劉少奇被歸入走資本主義道路的當權派，並被批為叛徒內奸和工賊。1968 年，他被開除黨籍並解除一切公職；1969 年，他被拘禁於河南開封，當年十一月病亡。

　　大躍進叫停之後，大哥仍然保有原來的工作；二哥則與其他一些人被調去地質隊做地質勘測工作。由於他表現出色，二哥很

快就被轉成正式工，成為專業地質人員。正當他幹得有聲有色，前途一片大好時，卻因為被查到父親在台灣，他又被解職了。

離開地質隊，他被分配至一處公墓打雜，做一些挖墳地、整修墳場、抬棺木之類的雜務。這是二哥年輕的生涯裡第二次受到重大的打擊。由於體力負荷過重，導致他嚴重的腰傷；傷癒之後，他又被送回農業合作社工作。在生產隊，他被分配到大隊運輸隊，每天到火車站用手拉車拉貨。幾年後運輸隊解散，他被分配到鄉辦塑料廠財務科工作。

經過這些底層崗位上多年的磨練，在改革開放政策之下，兩

二哥（二排左一）於 1959 年，在地質隊工作時與工作隊友的合照。那時，他幹得有聲有色，但是，很快就因為成分不佳而被解職。

位哥哥才終於得到紓解。在新的政策下，他們的能力終於獲得肯定、他們的工作表現也才獲得應有的尊重，並先後升任廠長。

苦難中開支散葉的喜悅：三代人截然不同的婚禮

在大躍進和三年大災荒的這幾年裡，儘管苦難連連；但是，這些年裡，也對灣塘周家兄弟二人的人生帶來了極大的改變，而且是一個正面的改變。

1958 年冬天，一位名叫朱亞君的女孩，被她服務的鎮海農業供銷社派到灣塘村，負責產品銷售的工作。由於業務的往來，她與在農業合作社做會計的大哥認識了。經過幾個月的業務接觸，大哥對朱小姐產生了好感，並逐漸展開追求。那年，大哥剛滿二十五歲。

亞君出生於一個大家庭。家裡連她在內共有九個小孩；她排行老三，上面有兄姐各一人。她的父親是小商販，有個小店面做棉布生意。她哥哥姐姐去讀書，她則留在家中幫忙照顧弟妹。由於父親不重視教育，她十歲才進小學，十六歲才小學畢業。

當時政策規定：「多子女的小商販家庭」可以送子女中的一人到公營的農業供銷社工作。由於當時家裡長子患有腦疾，在家休養，長女已經出嫁，父親就讓亞君進供銷社工作。亞君自幼聰慧，精於算術，也打得一手好算盤，進了供銷社，工作得心應手。

雖然已經過了六十多年，大哥對於當時他和未來愛人朱小姐的交往情形，仍然記得清清楚楚。

大哥與大嫂：陽春的戀愛，克難的婚禮

大哥哥記得：當時民風很保守，生活條件非常艱苦，他們倆的「戀愛生活」實在非常貧乏，毫無浪漫的氣氛。當時，正值大煉鋼和人民公社失敗，以及隨之而來的三年大災害，物質生活非常艱難。他們白天有忙不完的工作，晚上有開不完的政治檢討會議，只在星期日有一點自己的時間，偶爾一起看場免費電影；而那些公家放映的電影，又多數是以政令宣導與歌頌社會主義為主題。

當時，最有氣氛的時光，是每個月底，寧武都會到供銷社幫亞君做存貨盤整。大哥是會計專業人員，做起存貨盤整自然得心應手，深獲女友的好感。只是，當時的社會氛圍緊張，加上鄉下民風保守，在單位批准之前，他們的交往都只能躲躲藏藏，擔心被人知道。

兩人交往了一年多，個性保守的亞君才第一次到寧武家會見男友的母親，並在家裡吃了頓簡單的晚餐，那已算是他們戀愛過程中的一件大事、一個突破。大媽媽對於兒子的女友印象很好。不久之後，寧武也去朱家拜望了未來的岳父母，亞君的父母親對這個準女婿也很滿意。

隨後，大媽媽按照鄉里的習俗，請託了一位鄉紳提親。徵得女方家長同意後，兩人向單位提出申請，獲得批准，婚事就定下

來了。他們決定 1959 年結婚，這是寧波周家的第一樁喜事，大媽媽非常高興，也將這個喜訊告訴遠在台灣的丈夫。

父親從信裡得知大兒子的喜訊，也非常高興，並寄來美金 200 元作為賀禮。這個數字的禮金，在當時相當於他們一家三口整年的總收入，大媽媽高興極了，決定好好辦個喜宴。與小女兒一起住在上海的奶奶，也特地回到寧波，參加了長孫的婚禮，並在鄉裡住了幾個月。

1958 年底，農村人民公社的公共食堂解散，1959 年開始，大家都回到自己的家庭開伙。由於正值三年大災荒的開端，物資供應極為缺乏，政府擴大配給制度，控制糧食、油鹽、烟酒等食品和日用品的供應，所以即使有錢、有票也常買不到日用品或一些特別的食品。

他們的婚期定在 1959 年 4 月。因應當時的社會條件，他們只能在自己家裡辦婚宴。他們在自家房前的水泥地上稍加布置，放了四張八人方桌，鋪上紅色桌布增加喜氣；主客一共三十二人。

為了喜宴，一家人就更加省吃儉用，存下一些糧票和肉票，又從朋友處要來了一些烟酒票，婚宴訂在中午舉行。因為家裡附近的小市場常常沒有豬肉供應，大媽媽事先到鄉裡的領導處打了證明，可以到十七里路外的莊市買豬肉。當天一大早，新郎的弟弟與友人拿著肉票，到莊市的大市場買肉。哪知道，那天連大市場也沒有豬肉賣。一伙人悻悻然地回來，準備吃一頓素喜宴。幸好，一位村裡幹部知道他們的窘境後，幫他們弄來了一隻肥鵝，

才幫他們解決了喜宴無肉的窘境。

家人匆匆忙忙地處理了那隻肥鵝，主客四桌人，每人分到一兩塊鵝肉，算是吃了頓「葷喜宴」。至於米飯，許多親友都在事前送來了糧票。當時參加喜宴，客人都要先給主人送上糧票，但大都是雜糧票。幸好，鄉政府的文書與糧食專管員是大哥工作上的夥伴，他們特地為大哥弄來了一些白米，賓客們也沾光吃了頓有白米飯的葷喜宴。

寫到這裡，我回想起初到台灣那天，參加的那場奢侈的喜宴，每桌十幾道美食，杯盤狼藉；吃不完的精美食物通通被當作廚餘倒掉。這兩頓喜宴發生相差一年，一個是 1958 年 2 月 9 日，我到達台灣當天在台北的盛大喜宴，另一個是次年四月在寧波鄉下的小村莊，我大哥哥的克難喜宴。隔著台灣海峽，當年海峽兩岸人民生活富足和貧乏之差異何其大也！

即使在好的年頭，寧波人宴客時都愛用「下飯不夠，飯要吃飽」（寧波方言把菜餚叫做下飯）這句客套話來表示待客的熱情。在那個物資艱難的年代，這八個字的客套話，反倒成了一個真切的生活寫實。現代人怎麼也想不通：哪有參加喜宴，客人還得自己先給婚宴主人提供糧票的境況！

其實，本來情況還要更差，但是由於父親寄來的禮金，加上兩位新人都在供銷社工作，可以動用一點點調動特權，所以這個喜宴與一般村民的婚宴比起來，還算是比較豐盛的了。

從今天的標準看：那個婚宴真是克難，但在當時鄉下，這已經是一個令人稱羨的盛宴。大媽媽對兒媳婦非常滿意！孩子的爸

爸遠道捎來的祝福與賀禮，更讓大媽媽感到興奮又溫馨。她總覺得：丈夫對兒子的照顧，也就是對自己的關心。在那個年代，後來流行的結婚四大件，還未成為風氣，但是家裡還是添購了一輛腳踏車和一台收音機。

婚後，這對新人並沒有蜜月旅行。新娘子第二天就回到供銷社盤點月底存貨，新郎官還被派到寧波城裡出差。那個年頭也沒有什麼婚紗、禮服。新郎和新娘用爸爸送的禮金到寧波城裡各買了一條華達尼長褲，配上新的襯衫，算是都有了一套很稱頭的「結婚禮服」。

1959 年初秋，大哥與大嫂結婚幾個月後到上海小姑姑家玩，算是補度了個蜜月，他們穿上結婚時添購的那套新衣服，在照相館留下這張珍貴的照片。

　　過了幾個月，應住在上海的小姑姑邀請，兩人到上海玩了幾天，算是補度了個蜜月。在那裡，這對新人終於暫時擺脫工作的壓力，過了幾天輕鬆又舒適的蜜月生活。

　　最值得紀念的是：小姑姑和姑丈還安排他們穿上剛為婚禮買的那套新衣褲，到一家高檔的照相館，補照了一張結婚照。大哥哥特別多洗了一張，寄給遠在台灣的父親，父親回信說：兩人看起來郎才女貌，祝福他們百年好合、早生貴子。

　　兩人婚後仍然住在鄉下的木造祖屋裡，新房就是二十八年前父母親結婚時的新房。最意想不到的是：寧武和亞君的姻緣，竟像童話故事般的又撮合了另一對伴侶。

兄弟變成連襟，姐妹成了妯娌

　　亞君在家裡有一個妹妹，名叫亞珍。姐姐出嫁後，她常到姐姐家看望姐姐。這那裡，她遇上了她姐夫的弟弟周寧江。有了近水樓台的地利，加上哥哥、姐姐的撮合，兩人很快就墜入情網。經過兩年的交往，兩人也在 1962 年結了良緣。白此，兩兄弟娶了兩姐妹，兄弟成了連襟，姐妹成了妯娌，喜上加喜、親上加親，在鄰里間傳為佳話。

　　他們結婚的時候，三年大災荒剛結束，那年又逢豐收，加上父親從台灣寄來 500 美金的賀禮，他們的婚宴要比哥哥、嫂嫂的喜宴豐盛了許多。

　　由於那年農產豐收，而且大媽媽和兩位兒子社會關係也比以往廣泛，大媽媽決定要為小兒子辦一個比較盛大的婚宴。主客在

內一共擺了十六桌，每桌八人，婚宴也設在老家屋子前的水泥空地上。

1962 年時，物資供應已經比三年前大兒子結婚時要好得多。用父親寄來的禮金，他們拿去兌換成華僑票，可以到市場買到許多魚、肉和一般人買不到的食品，尤其是大黃魚這類的珍肴。婚宴那天，客人們都按照當時的行情，送來每人兩元人民幣的禮金，加上新郎父親寄來的 500 美金的祝賀金，眾人都開懷大吃了一頓。

比起三年前大兒子的克難喜酒，今年的喜宴豐盛多了。更重要的是：丈夫沒有忘記兩個兒子。大媽媽特別欣慰，心裡也在想：丈夫一定也還在惦念著自己。

結婚後，兄弟兩家都住在灣塘村的祖屋裡。大哥、大嫂和二哥都在外工作，二嫂則在家裡處理家務，並料理兩家人的三餐。兩家的孩子（堂兄弟們）一起生活、一起成長，就像是親兄弟。

大哥長子結婚，進階四大件

走過艱難歲月，時序進入 1987 年，大哥的大兒子吉牛結婚時，那時已有四大件的習俗。兒子娶媳婦，除了宴客，還得先備好「四大件」。當時的四大件，通常包括：自行車，縫紉機、手錶和收音機（當時民眾將它們叫做三轉一響）。大哥哥則為兒子添購了進階高檔的四大件，包括：收音機、洗衣機、電冰箱和透過朋友關係購買的一台彩色電視機。

吉牛的婚宴，比起他爸爸、媽媽的婚禮要盛大得多了。那時

他爸爸已經幹了幾年廠長，在地方上很有聲望，人脈廣、朋友多、人緣又好，再加上整個社會生活的改善，他們在家裡請了二十四桌客人。阿牛的父親還透過朋友向鎮海車隊借了一台麵包車，到女方家風光迎親。

　　吉牛的媳婦沈曉兒家裡只有四個姐姐，沒有兄弟；而大哥除了吉牛，還有一個兒子吉龍。按照寧波鄉下的規矩，丈人家裡沒有兒子，女婿家裡有兄弟，女婿可以到太太的娘家住。大哥哥比較開通，也就沒有反對這個安排。吉牛婚後，與曉兒在娘家住了五年。

吉牛和曉兒，1987 年結婚前到杭州採購結婚用品並做一次短期的旅遊。

婚宴上吉牛和曉兒分別穿上了西裝和洋裝小禮服，看起來已經與父親、母親結婚時的裝扮完全不同。且不說喜宴吃的、喝的豐富，新人婚前還專程前往杭州去採購結婚用品。他的爸爸、媽媽看到兒子有這麼好的婚禮、婚宴，都感到非常高興、非常滿足。

大媽媽看到長孫成家更是歡欣不已。她深深地感到：自己和兒子這兩代人的苦日子，已經遠離他們而去了。然而，感傷的是：她的丈夫已於七年前過世，沒有機會分享周家長孫成家的喜悅。她想著，要是楚衡（丈夫的別名）能看到孫兒結婚該有多高興啊！

大哥長孫的婚禮：新房、新車加全套家電

隨著社會經濟環境的改善，生活水準不斷提升，寧波周家人的生活條件也節節高升。到了 2014 年，吉牛兒子宇航的婚禮、婚宴，就更是前兩代人做夢都想不到的排場了。

婚前，作為男方的家長，吉牛已經先為兒子在鎮海買好一套精裝修的新房子，女方家長則提供全套的家電，包括空調、寬屏幕電視機和大冰箱等等。宇航迎親用的是他爸爸送給他的全新轎車，已不是像他爸爸結婚時，用借來的麵包車。

時下流行的婚紗照當然也免不了。為了這個寶貝兒子，吉牛包下鎮海五星級四季永逸大飯店的主廳，席開三十七桌。好客又海派的阿牛（吉牛的小名），為自己的兒子辦了個灣塘村人難得一見的盛大喜宴。最難得的是：阿牛的五叔（也就是我們美國周

2014 年，宇航結婚，免不了要有時下
流行的婚紗照。

家的二哥）還專程到鎮海，慶賀老家大哥娶孫媳婦的喜事。遺憾
的是：阿牛的母親（我們的大嫂），在前一年的十月已因肺癌離
開了他們，沒能趕上參加她長孫的婚禮。

　　大哥心裡盤算著：這頓喜宴的花費，恐怕足夠過去困難時期
一家人整年的食品開銷吧。其實，阿牛做的是個小生意，他也只
是鎮海城裡一個很普通的生意人；他能夠為兒子操辦如此盛大的
喜宴，可以看得出整個社會經濟的提升程度，實在太驚人了！

　　這是個喜慶的好日子；經過一個鬧哄哄的喜事慶典，大哥哥
回到沒有老伴的家，頓然覺得家裡特別的空盪盪、冷清清。他不
禁想起宋代女詞人李清照寫的〈聲聲慢〉那闋詞。詞中：「尋尋

覓覓、冷冷清清」的那份淒苦，在大哥哥的心裡蕩漾著，久久不能平復。

回想起五十五年前他與亞君的簡便婚禮、克難婚宴，大哥更是百感交集。他一方面感嘆著當年生活的艱苦，一方面也為周家後代和整個社會欣欣向榮的生活感到歡欣滿足。遺憾的是，老伴沒能活長一些，和他一起分享今天這個有些過分奢侈的婚宴，也無福與他一起多享受幾年平安、舒適、兒孫繞膝的好日子。雖然，自己的生活並不富裕；然而，這種沒有恐懼、沒有鬥爭、沒有飢餓的日子，在自己年輕的時候，還真是遙不可及的夢想啊！

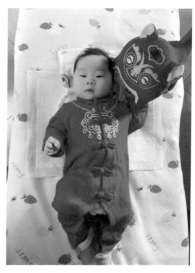

2021 年大哥的八十八歲壽宴上，他的曾孫女之玥為曾祖父戴上一個皇冠。曾祖父笑得合不攏嘴。

2022 年底，二哥的曾外孫徐樂凡穿著喜氣洋洋的新裝過新年。

　　兩年後，宇航家裡添了個小女兒，自此，吉牛成了祖父，大哥有了曾孫女，寧波的周家，從我們的父親開始算，已經有了第五代。周家開枝散葉、香火延綿又有了新的篇章。2022 年，二哥的女兒吉娜也有了孫子，二哥也升級成了曾外祖父。

海外關係，一片吹不散的烏雲

　　遠在台灣的丈夫、爸爸給寧波家裡的匯款在一家人的生活中常常帶給他們雪中炭、及時雨的喜悅。然而，在日常生活裡，沒有丈夫和父親在身邊，家裡面每一件事，因為缺少一個頂心骨的支撐，都顯得困難重重。

　　從解放之後，那個帶有原罪的「海外關係」，更像是一片厚厚重重的烏雲，永遠籠罩在他們頭上，壓得他們喘不過氣來。而且那片厚重的烏雲還隨時會變成一陣狂風暴雨，熄滅他們辛辛苦苦、戰戰兢兢累積起來的一點點希望之火。這片烏雲不止影響到寧武、寧江兄弟倆，他們妻子的工作和孩子的求學也都受到池魚之殃。

　　大哥長子吉牛的求學經歷就是一個事證。高中時，吉牛是當地重點高中鎮海中學的數學隊隊員。可惜的是，吉牛因為在鄉下資訊不通，在 1977 年，他臨時參加剛剛恢復的高考，因為準備不及，沒有能考上。後來他半工半讀，於次年考上了。然而，他收到錄取通知後，卻因為祖父在海外，政審不通過，而被刷了下來。

後來，他只能進入鎮海塑料五廠工作。五年後因為工作表現優異，而且政府在開放政策下，取消了政審制度，他被工廠黨委推薦到浙江農業大學參加機械製造培訓，並於 1986 年以第二名的成績畢業。後來他被推薦入黨，並擔任副廠長。1991 年，他從單位下崗，憑藉所學和工作經驗，與朋友先後開了一家塑料工程以及一家建築公司，事業非常成功，也買了在鎮海區的第一套住宅。

｜嫁個黑五類，大嫂下放了十年｜

由於大哥家庭成分不好，大嫂婚後，很快也從供銷社被下放到農村從事農業勞動。每次提到這段往事，大哥對於當時因為成分不好而遭受到不公平對待的制度，仍然耿耿於懷。

被問起大嫂當時是否有些怨言？大哥肯定地說：一點都沒有。他說：「你大嫂婚前就知道婚後會被下放。她就是那種傳統的農村女性，一切都認命。嫁雞隨雞，嫁狗隨狗；好的欣然接受，壞的也逆來順受。」

在那個鬥爭掛帥，年年鬥爭、天天鬥爭、事事鬥爭、人人鬥爭的時代，「逆來順受」或許也是當時許許多多中國人民都已磨練出來的一種無奈吧！

值得慶幸的是：在寧波的周家兄弟兩家人，生活在一起，不分彼此、有福同享、有難同當，其樂融融，從未發生摩擦爭執。妯娌二人本就是姐妹，更容易讓兩家人融合為一體。

1962 年，大嫂被下放時，她原來工作的供銷社，還給她頒

發了一張「光榮參加農業勞動」的榮譽證書。拿到那張榮譽證書，大哥大嫂還真感到哭笑皆非，明明是下放，怎麼還是「光榮參加」呢？

只有在那個時代、那個制度下，才會有這種：你不想要，卻又推辭不掉的「光榮」。大嫂過世後，我與大哥談起這段往事時，想到老伴因為自己的社會成分而吃了多年的苦，大哥心裡仍然是充滿著歉意。大哥說：「大嫂是一個標準的、傳統的農村婦女，很能吃苦耐勞，從不抱怨。」好人不長命，天道如此，夫復何言！

婚後的十年，除了因為體力不勝負荷或懷孕生產時回家短暫休養外，大嫂都是在田裡工作；插秧、施肥、除草、灌溉、收成，樣樣都來。帶小孩、洗衣、煮飯這些家務事，則是由婆婆和留在家裡的弟妹，也就是自己的親妹妹亞珍幫忙。

這個狀況一直延續到 1972 年，大嫂的父親透過她在縣裡商業局負責人事工作的表哥幫忙，她才被調回供銷社。那時，單位裡還有人說：她有海外關係，不准回調。最後，還是這位表兄向組織做了特例擔保，才被放行。

這個長達十年的下放，即使是在當時，也算是特別長的了。一般人通常三、四年就可調回來，但是大嫂卻整整被下放了十年，原因無他，就是因為她丈夫的爸爸在台灣。

諷刺的是，她的丈夫在五歲之後，才與自己的父親一起生活過五天；而她自己，一輩子連公公的面都未曾見過，卻還受到他的牽連，這筆帳真不知道該從何算起！調回來後，她在供銷社又

做了十年，直到 1982 年才退休。

世襲的頂替制度

　　新中國成立之後，在政府的鼓勵下，各級單位於 1950 年代中期，施行一種類似世襲的「頂替制度」。在這個制度下，父母親中的一人從某個單位退休時，可由一名子女到單位「頂替」他們空出來的職缺。這個近乎世襲的制度，在當時各級政府單位和公營企業裡都普遍存在。這個制度行之有年，一直到 1960 年代中期文化大革命時才停用。但是，文革結束後的 1970 年代，又恢復了這個制度，而且較十年前更為普及。

　　1982 年，大嫂退休時，長子吉牛已經有固定的工作；於是，由次子吉龍進了她工作的供銷社，頂了她的缺。雖然有了職位，但是吉龍並沒有行銷或會計的專長，於是就做一些送貨及駕駛之類的雜務。吉龍做這個工作將近十年，直到 1991 年供銷社解體為止。

　　雖然他在供銷社並沒有很好的發展，但是，在這個國家單位十年的經歷，卻為他未來退休後的生活累積了每月幾千元的退休金；而他十年的駕駛經驗，也為他後來一個小個體戶的事業奠定了技術基礎。

　　供銷社解體之後，吉龍拿出自己的存款，加上爸爸與哥哥的幫助，買了一輛中型的公交車。他用自己多年的駕駛經驗，做起鎮海區與駱駝鄉之間的短途客運生意。他的太太陳靜芬也辭掉工作，幫他賣票管帳；他們雇用一個人在車站拉客人，生意相當

好，賺了一些錢，日子也過得不錯。那個小個體戶的生意，帶給吉龍一段很順遂的日子。

那時在車站，各家客運業者競爭激烈。他們的生意引來同行的妒忌和挑釁。有一天，一個同行揪眾來鬧事。聽聞有人找弟弟的麻煩，學過幾年功夫的吉牛，就帶上幾個地方上的弟兄，很快就把對方擺平。後來吉龍因為眼疾與視力退化，才結束客運生意，並和哥哥一起開了個小工廠，生產塑料產品。

大哥和二哥都是用孩子出生的生肖為孩子取名字。大哥生了兩個兒子，長子牛年出生，取名吉牛，次子龍年生就叫吉龍。二人相差三歲；從小，哥哥就事事護著弟弟；長大後，知道弟弟有麻煩，哥哥就義不容辭地幫弟弟解決。短程客運事件，就是一個典型的例子。後來，他們的爸爸知道了這件事，表面上雖然說了大兒子幾句，但是，心裡面還是挺滿意的。

我問阿牛：為什麼想到去學武藝？沒有想到，他的答案竟然與 1968 年一次文革抄家的經歷有關。

文革那次無妄的抄家

1966 年，在毛澤東的號令之下，整個國家邁進了另一個史無前例、全民皆兵的文化大革命時期。在那個瘋狂的社會運動裡，目標最鮮明的被鬥爭對象就是中學老師和大學教授。教文學的往往被批成臭老九、教歷史的是冥頑不靈、教外文的可能就是通敵或通修的反革命分子，曾經在解放前教過書或者在國民黨政府工作過的人，常被打成反革命的特務。

　　那時，學校停課，學生們天天任意揪出老師來羞辱，令他們反省悔過，稍有不服者，就遭拳打腳踢，當眾凌辱。那些年，全國各地，師道無存，被無理屈辱成傷甚而致死的「臭老九」與「反革命分子」不計其數。即使能僥倖活存下來，因為不堪折磨而精神失常者，亦不少見。

　　事後，許多國內外學者研究發現，煽動中學生從事革命造反，是最廉價又最有效的方式。看看幾十年後，台灣的太陽花運動，以及四年前香港鬧得沸沸騰騰、不可收拾的反送中運動，也都是有心人鼓動中學生衝鋒陷陣、不顧死活的暴力抗爭。雖然與文革時的動機不同，但是動員的手段以及背後的目的則大同小異。

　　幸好在寧波邊陲鄉下的周家，一家人老的老、小的小，青黃不接，反而受到的迫害比較輕。那時，阿牛的祖母已經快六十歲，父母親也已年過三十，孩子們都不到六歲，還沒有入學；所以，都當不上紅衛兵。再加上一家人都務農，沾不上那些臭老九、通敵、通修、反動分子等等罪名；所以，文革對於灣塘周家造成的衝擊比較小。然而，在全民革命的狂潮之下，一無所有的周家仍是無法完全倖免，更何況，他們還有那個無法抹去的海外關係。

　　那是 1968 年秋天的一個晚上，一家人飯後正在聊天休息，門外突然一陣劇烈的叫門聲；大哥打開大門，只見七、八個凶神惡煞似的紅衛兵，衝進屋裡，翻箱倒櫃，四處破壞，吆喝著要搜查「反革命」證據。他們警告大媽媽和她的兩個兒子，要他們自

動交出反革命證據以換得「誠實從寬」的對待。

顯然，那些紅小兵已事先掌握情報：這家人有海外（台灣）關係，無論如何，他們也不能放過這個可以肆意羞辱的「特務反革命」家庭。

折騰了半晚，除了三國演義和水滸傳等幾本舊書，他們只找到父親從台灣寄來的幾十封家書。他們快快讀了那些家書，信裡寫的都是丈夫對妻子和父親對孩子們的一些問候和關懷，講的都是些家常話，哪有什麼反革命的情報資料？

這些紅小兵，找不到反革命的證據，胡鬧了一陣，他們就趾高氣揚地拿著那幾本舊書和家書等「反革命造反的證據」揚長而去。素來就安安分分過日子的一家人，就這樣被惡整了一晚。鬧得一家三代人驚恐不已，心情久久不能平復。

本來，有這些與海外通信的「罪行」，他們輕則會被叫去革委會開會鬥爭檢討，重則會被抓去遊街示眾，甚至被公審凌辱。幸好，當天帶隊來的那位村革命委員會幹部，是大兒子寧武的朋友，而且被他幫過忙。所以，他在一旁周旋，一方面護著朋友一家，一方面讓那些小紅衛兵發泄一些造反的快感。這位村官費盡心力，幾經折騰，才讓這個「反革命」事件得以大事化小、從寬處理了。

紅衛兵搜出來的家書後來被他們一把火給燒了。對這些每天到處革命造反的紅衛兵來講，這已經是最寬大的處理了。然而，他們燒掉的卻是這個可憐的家庭，夫妻和父子間闊別近二十年的關懷與掛念，點點滴滴的紀錄啊！

　　十八年來，一家人處於台灣海峽兩岸，地隔千里，家書是夫妻和父子間唯一溝通的橋樑。這些家書記載著、見證著夫妻間、父子間千絲萬縷的關懷與掛念。一把火，把一家人的思念和關愛的紀錄都化成了灰燼。在一個正常的文明社會裡，又怎麼會容許這般的殘暴與野蠻呢？

　　這些「造反有理」的紅小兵們，將來長了年齡，長了智慧，有了良知之後，回想起他們這些無知愚昧，喪盡天良的作為，不知是否會有一絲絲悔意？或許，他們永遠都不會有這一層的認知與體會吧！無知又被操弄的一群青少年人，又怎會有痛徹心扉的領悟呢？

　　這些無知盲目的孩子們，在最高革命導師的動員操弄下，只剩下智盲的瘋狂，哪會有自己的良知與判斷？回首想想，連這麼一個單純無辜的農村家庭都會被抄家，那還有什麼人可以倖免於難呢？

　　大媽媽和兩位哥哥，經過這一晚的驚悚、恐懼，令他們很長一段日子都不敢與丈夫與爸爸通信。幾個月後，他們才敢再與在台灣的父親寫信。而且，因為大媽媽害怕，自此以後，都是由大兒子寧武提筆給爸爸寫信。

　　在 1968 年之後，文革起了實質性的變化。毛澤東看到文革的發展有些失控，他決定遏制紅衛兵在校園裡和社會各地的造反活動以及青年學生全國性的串連，並令高中生和大學生上山下鄉，從事農業生產，向貧下中農學習。

　　這批紅衛兵盲目地革命造反，自少年起就停止上學，串連搞

革命,鬧了幾年後,最高革命導師一聲令下,他們又被迫離鄉背井,放棄城市居民身分,結夥上山下鄉,開始接受「再教育」。在全人類的歷史上,這種對一整個世代年輕人的集體操控,令他們服務於特定目標的政治運動,顯然是空前的。這個運動的普及性與深度更是不可計量。

儘管 1968 年後,學生運動有了根本性的改變,但是在北京中央領導階層的政治鬥爭仍如火如荼地進行著。那一年,劉少奇被開除共產黨籍,被撤除一切黨內外職務並於次年病逝於他被囚禁的開封。然而,這些上層的鬥爭對於鄉下周家的生活倒沒有太大的衝擊。他們從不關心政治,只是,政治的脈動卻不斷地牽動著他們的生活和命運。

文革時,大媽媽仍然從事她的縫紉班工作,她的大兒子寧武繼續做基層職工,大媳婦仍然被下放在田裡做農務,小兒子寧江繼續從事農業勞動,二媳婦在家帶孩子並照顧患小兒麻痺症而不能下床行動的長子。

阿牛拜師學藝保護父母家人

1968 年的那次抄家,讓才六歲的吉牛受到很大的驚嚇,他非常氣憤。看到溫和善良的祖母和父母親被那些紅衛兵霸凌,在這個孩子的心裡,已經做了決定:長大後要保護祖母和父母親,絕不讓別人再欺負他們。

一年後,他決定要學習武藝,以便日後可以保護家人。經人介紹,他拜一位附近寺廟的和尚為師,學了兩、三年的功夫。他

吉牛、吉龍和吉娜三個堂兄妹於 1971 年的留影。那
時吉牛已經學得了一身基本的功夫。

　　學武藝的時間並不長，但是由於他有目標、有決心，而且天生就
身手矯健，短短兩、三年就習得了一身好功夫。平日，除了保護
家人之外，他偶爾在鄉裡幫人打抱不平。

　　最令阿牛驕傲的一件事發生在 1982 年。那時，改革開放開
始才兩年，他的爸爸在灣塘村綜合廠當廠長，工廠裡有大約三百

個員工。有一天，兩個女工起了爭執，大哥根據當時的狀況對肇事的女工做了處置。結果，她不服氣；次日，她的丈夫帶著幾個人到家裡來鬧事、說要討公道。

那天，已經二十歲的阿牛剛好在家，就拿著一根長棍衝出來，叫他們滾出去。對方有一人衝過來，結果，三兩下子就被阿牛給摔倒，眾人一看情況不妙，就落荒而逃了。用學來的功夫保護處事公正的父親，阿牛覺得非常驕傲。直到今天，每次一提起那段往事，阿牛的爸爸都還是回味無窮，忍不住露出一絲絲欣慰的微笑。

另一個有趣的故事就是：1968 年，住在上海小姑姑的大女兒李一葦剛剛高中畢業，正好趕上毛澤東發起的上山下鄉運動。由於家庭背景較好，她沒有被送往偏遠地區去「再學習」，而是被送到她媽媽（我的小姑姑）的祖籍地寧波鄉下去學習。到了寧波，她就住在兩位表哥家，每天與外婆（我的祖母），舅媽和表哥、表嫂們在一起，過了一年輕鬆愉快的日子。第二年，因為實情被發現，才被下放到四川鄉下。

在漫長的苦難歲月裡，兩個哥哥都結了婚，也都有了自己的孩子，兄弟二人都用孩子出生的生肖為孩子取名。大哥哥的兒子生於 1962 年 2 月初，農曆是牛年底，就取名吉牛，次子小三歲，就叫吉龍。由於女兒的年齡不能讓人知道，所以二哥的女兒就取了個看不出年齡的名字叫吉娜。後來又添了兩個孩子，大兒子吉巳、小兒子吉猴。吉巳是出生於 1965 年（是蛇巳年），取名吉巳。

　　其實，吉字並非孩子們這一輩的排行。只是，經過幾十年的苦難，大媽媽和兩位哥哥嫂嫂，就是希望下一代的孩子們一生平安吉祥，過得上比較平順安定的日子。除了吉巳，其他四個孩子確實也都順利長大。

吉巳，一家人的最愛與最痛　　

　　吉巳出生於 1965 年，也正是文化大革命展開的前一年，那年，家鄉流行水痘。住在一起的吉牛、吉娜和吉龍都同時出水痘；稍後，才幾個月大的吉巳也長出類似的水痘。當時，國內尚未開始讓兒童全面服用一種俗稱「湯圓」的麻疹疫苗，而吉巳的症狀就被誤診為水痘。結果，他染上的卻是麻疹，因為誤診，後來轉換成脊髓灰質炎，也就是俗稱的小兒麻痺症。

　　由於吉巳染上的是嚴重的小兒麻痺症，病毒造成脊椎病變、肢體扭曲，那時起，他就終身無法站立，甚至不能自己下床，他的病對家人造成了極大的影響。在家裡，兩家的父母都幫忙照顧他，奶奶更是每天陪著他睡、餵他吃飯、幫忙清理排泄物。為了避免他長褥瘡，每天都要幫他翻身幾次。姐姐吉娜、弟弟吉猴和住在一起的堂哥吉牛、吉龍也都帶著玩具陪他一起玩，對他特別的親近、照顧。

　　他的媽媽放棄了工作，待在家裡照顧這個兒子，並同時煮飯給兩家三代一共十個人吃。當時兩家人住在一起，共同生活，也

一起陪著這個孩子，一起照顧他。這個行動不便的孩子，成了兩家人共同的孩子。

奶奶對於這個孫子更是揪心，天天拜佛，祈求神明保佑這個可憐的孫子有一天能夠自己站起來。好幾次，六十多歲的奶奶還背著他到上海就醫；因為，當時大家都相信上海的醫生最好。

那時，交通不便，跑一趟上海，要到寧波碼頭走水路，夜晚上船，第二天上午才能到上海。到了上海還要轉車到親戚家休息借住，然後再到醫院就診。一趟跑下來至少三、四天；不止醫藥開銷支出所費不貲，對於奶奶身體和心理的負荷更是巨大無比。

其實，親友們甚至醫生都告訴奶奶：這個病是沒有辦法治癒的！但是，她總是不肯放棄。她等待的就是一個奇蹟，不管那個希望是多麼的渺茫，多麼的遙不可及。奶奶對這個孫兒的愛就是那麼深重，那麼不顧一切的。

有時候，孩子的爸爸媽媽也勸她不要那麼累了！但是，只要聽到醫生一兩句安慰的話，或是看到孫子一點點的進步，哪怕只是手腳多移動了幾寸，都會讓奶奶忘了疲憊而興奮不已。

小吉巳也特別乖巧懂事。每天半坐半躺的在床上，跟著爸爸、媽媽和哥哥、姐姐們學習、讀書。他每天都要讀哥哥姐姐從學校帶回家的書本，還學習寫字、做算術。幾年下來，他的國文程度甚至已超過同年齡正常上學的小孩。最令人驚奇的是：他寫的作文，甚至比哥哥姐姐還好；有時，他還會寫點新詩；他的算術也不輸給哥哥們。

這個可憐的孩子，身染殘疾卻從不自暴自棄，反而比一般的

這是 1970 年，寧波一家三代十個人難得留下的一張全家福照片。照片攝於自家門前。

這是 1977 年秋天的全家福照片；看得出一家人的衣著都有了明顯的改善。兩張相片裡，都是奶奶抱著吉巳。

孩子更上進。看在奶奶和爸媽眼裡，更令他們心中充滿不捨與悲傷。

長到十多歲時，看到家裡的大人們都很忙碌，他還要求爸爸和大伯：從外面包一點手工活回家，讓他也能在床上做點手工活，幫忙一點家計。他總是說，「我是家裡的一分子，也應該幫忙出點力，賺點錢。」奶奶和爸爸媽媽聽到這些話，心裡更是不捨。

有時他也會在床上靠著枕頭邊，與兄弟和姐姐玩玩紙牌遊戲。一直到今天，姐姐和兄弟們都還記得：他玩起牌來，總是贏多輸少。家人們都說：這一代孩子們裡，吉巳是最聰明、最懂事的一個。

吉巳從幼年因病而殘疾，然而，兩家人全心全力的照顧和愛心，加上自己的樂觀和努力，這個孩子還是盡力過著殘而不廢的日子。除了不能下床外，他能讀書學習、能寫文章新詩、能做算術、能玩遊戲，也能做點手工活。

家裡的每個人都愛著他、照顧他；然而，當時中國國內的中西醫學仍然無法讓他下床走動。由於不能運動，他總是體弱多病，十九歲那年，因為感染急性肺炎而離世。他的離去，讓整個家庭陷入無限的哀傷。很長的一段日子裡，一家人都失去了歡笑；尤其是奶奶，因為失去這個可憐的孫子，而變得沉默寡言。

短短不到二十年的生命裡，行動不便的他，成了這個家庭三代十個人裡最受疼愛、最被珍惜的一員。直到今天，他的爸媽，大伯，姐姐、弟弟和堂兄們，每個人都還是對他充滿著無限的愛

憐和苦澀的回憶。只要一提起他，媽媽和姐姐都還是神情黯然，忍不住淚流滿面。

第七章

我的大媽媽

　　我的大媽媽戴曼麗女士出生於 1910 年農曆正月，比同年十月出生的丈夫還大了九個月。她也是寧波人。娘家在橋里戴，與在灣塘村的夫家相隔不到十里路。

　　在家裡，只有大媽媽和她妹妹兩個孩子。由於她們的父親思想保守而且不注重教育，姐妹兩人都只讀了四年小學。她們的父親還特別規定：絕對不准她們學習英文；觀念老舊又固執的父親認為：學習英文就是要做洋奴，戴家的人絕不做洋奴。

　　有趣的是，他的大女婿，靠著自學的英文，在解放前是美孚石油公司的高管，到台灣後長期從事汽車維修和銷售工作，都脫離不了英文。晚年更是做一家水泥公司的副總經理，負責擴廠設備和向歐美銀行貸款。大半輩子，英文都是他工作和事業上的重要工具。他做這些工作得心應手，也都是因為他自學的英語說寫流利。

為周家付出一生的一位傳統女性

　　我的父親從小就隨著祖父住在武漢，並在那裡讀書。1930年，父親虛歲二十歲那年，奉父母之命、媒妁之言，回到寧波娶了大媽媽，婚前他們並不認識。婚禮是在寧波鄉下舉辦，在當時寧波鄉下，那是一個相當盛大、體面的婚禮。他們還購置了一些高檔的家具，直至今日，兒孫們仍然保留著那套精美的新人床具和五抽櫃。婚禮之後，兩人在家鄉探親訪友，也在附近稍作旅

遊，算是度了個蜜月。

一個月後，兩人搬到武漢，開始了幸福的小家庭生活。他們於 1933 年生了長子周中（寧武），隔了兩年半，又添了次子周平（寧江）。一家人過著平安幸福的日子。然而，好景不常，1938年，國軍武漢保衛戰失利，日軍攻陷武漢。父親隨著郵局後撤重慶，大媽媽則在日軍進城之前，帶著兩個孩子和婆婆及未婚的小姑，回到寧波老家躲避戰火。

從那年起，大媽媽就開始了她孤獨、苦難又漫長的一生。面對命運加諸在她身上的一切磨難，大媽媽卻從未放鬆過她對這個周家的付出與奉獻。她一生都盡心盡力地獨自撫養兩個孩子長大成人。

因為丈夫提供的經濟援助並不穩定，大媽媽母兼父職，一直全職做裁縫來支撐這個家。那個時代，國內職業婦女大都在五十五歲退休，但是大媽媽一直做到七十歲才退下來。除了長年工作之外，她在家也幫忙照顧孫輩並給他們良好的家庭教育。大媽媽是一位為著家庭、孩子付出一切，而且勤勞、吃苦，又盡責的傳統農村女性。

抗戰初期，父親隨著郵局遷往重慶，大媽媽則帶走孩子回寧波。他們本以為戰爭快快結束後，一家人就可團聚，哪知道那場戰爭一打就是八年。在那八年的漫長歲月裡，她的丈夫已在重慶與另一位女性相知、相愛而另組家庭，並有了三個孩子。1946年父親回到寧波老家與大媽媽和兩個孩子重聚了五天，力勸大媽媽帶著孩子們一起回武漢。但是，大媽媽顧及兩個家庭生活在一

起會造成矛盾，決定不隨丈夫回武漢團圓。她讓丈夫獨自回到武漢。

1947 年國共內戰加劇，1949 年國民黨部隊潰敗，那年十月一日新中國政府成立，十二月國民黨政府退守台灣。1950 年秋季，中美兩國因為韓戰（也就是中國大陸通稱的抗美援朝戰爭）斷絕外交關係，美國企業全部撤出中國。倉促之間，父親帶著我們在武漢的一家人先遷居香港，後移居台灣。1946 年春末，那短短五天的小聚後，大媽媽不隨丈夫到武漢的決定，因為世事變化，竟造成夫妻、父子間永遠的隔離。

解放之後，大媽媽母兼父職，還背負著丈夫在台灣的那塊「海外關係」的黑牌子，在那個貧困動亂的社會裡，度過了比常人更艱困的半個多世紀的艱苦日子，直至 1993 年辭世，享年八十三歲。

直到今天，兩個兒子仍然清晰記得那些苦難的日子裡，母親的苦楚和為他們兄弟倆所做的一切。他們都記得：爸爸在香港和剛到台灣的那幾年裡，爸爸的來信就是支撐著媽媽最大的精神力量。爸爸的家書都是寫給母親，回信也都是由母親自己寫。爸爸的每一封來信，媽媽都是一再細讀，爸爸過得順心時，媽媽也跟著歡欣，爸爸不順利時，媽媽也跟著憂心。

但是，在文革那次抄家之後，爸爸的信都是寫給兩個兒子，而且家書也都是由大兒子寧武回覆。到了孫輩長大，長孫吉牛也給爺爺寫過幾封家書，爺爺收到他的信，特別高興，也都親筆回信並鼓勵他。

　　兩個兒子也都感覺到：到了晚年，媽媽對爸爸那份魂牽夢
縈、刻骨銘心的思念，隨著漫長歲月無情的流逝，似乎稍稍地變
淡了一點點。那是一個無奈的變化；然而，她對遠在台灣的丈夫
從未忘懷過。到了晚年，她仍然常念著遠在台灣的丈夫，而且常
對兩個兒子說，你們的爸爸仍然是很喜歡你們兩兄弟的。那時，
兩兄弟都已成人懂事，感受到媽媽忍著心裡的苦楚，還不忘安慰
他們兄弟倆；他們心裡也是五味雜陳，不知如何回應。

一生期盼終成泡影

　　1980 年 11 月上旬，我的母親寫信給爸爸在寧波的兩個大兒
子，告知他們的父親於十月三十一日在台灣辭世的消息。其實，
在五年多以前，父親初患鼻咽癌和後來的治療、康復以及再患肺
癌的情形，他們都知之甚詳。他們也像爸爸在台灣和美國的孩子
們一樣，樂觀地期待爸爸能再一次打敗病魔。然而，這一次爸爸
卻沒有那麼幸運。

　　終身都在期待丈夫和父親回家與他們團聚的大媽媽和他們的
兩個兒子，收到這個噩耗，就像是晴天霹靂，像是被人用棒子當
頭重擊。

　　大媽媽和兩個兒子接到噩耗，真是傷心絕望到了極點。雖然
他們幾十年都沒有在一起生活過了，但爸爸一直是這個家庭的大
家長，也是他們一家人的精神支柱。在他們心裡，無論團聚的機

會多麼渺茫，與丈夫、父親團圓的夢想就從來都沒有中斷過。

那時，兩岸政府禁止老百姓互訪，台灣和大陸之間完全沒有交流，甚至連家人探親都不准。唯一的例外是：台灣民眾取得外國的永久居留權或入籍外國之後，可以從國外直接飛到大陸探望親人。

爸爸前一年還寫信告訴他們：拿到美國綠卡後，會從美國直接回家來看望他們。回家看妻子和孩子一直是爸爸的心願。

收到那封信，知道爸爸計劃返鄉看他們，大媽媽和兩個孩子不知興奮了多少天，一家人陶醉在團聚的憧憬裡，大媽媽盤算著要做些什麼菜給丈夫吃，兩個兒子有許多家裡的事要告訴爸爸。大媽媽心裡想著：當楚衡（爸爸的小名）看到幾個孫子都已經比他當年離家時的兩個兒子還高還大，該有多麼興奮啊！

其實，父親在 1979 年 9 月給兩個兒子的信裡，對自己的病情已經透露出痛苦的絕望。父親寫道：「自從得了肺癌後，等於被宣判死刑，只是看執行的時期，能夠拖多久。」儘管病情不樂觀，爸爸心裡並未放棄，他仍然期望拿到美國綠卡之後，能回鄉看望闊別了三十多年的妻子和兩個兒子。

哪知道，天不從人願。十一月四日，媽媽從台灣寄了一封信給爸爸在老家的大兒子寧武，告知爸爸去世的消息。這封信徹底粉碎了灣塘周家大媽媽和兩個兒子盼望著丈夫與爸爸回家團聚的夢想。三十多年的期盼，一夕間成了破滅的殘夢，一生的等待，被無情地化為泡影。

雖然一家人已經三十多年沒有在一起生活過；但是，透過家

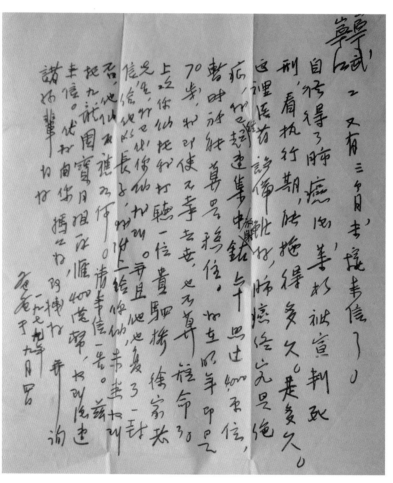

爸爸於 1979 年 9 月寫給兩個兒子的信。信裡他對自己的病情已經充滿悲觀。

書，他們總能感受到丈夫和父親一直在台灣海峽的對岸關心著他們、懷念著他們。如今連這份念想都永遠失去了。

父親的離世讓一家人傷痛不已。他們突然失去了對丈夫和父親的期盼與等待，這是對不幸的灣塘周家母子三人，最終最大的打擊。

大媽媽為丈夫和孩子們的父親舉辦了慎重的祭祀活動，悼念他們日夜牽掛的丈夫與父親。祭祀的那一天，大媽媽不停地低聲飲泣，兩個兒子則忍著淚水，不斷安慰媽媽。往後每年的除夕、清明和父親的冥誕、忌日，一家人都依循寧波人的習俗，做羹飯慎重祭祀。這些一年數次的祭祀活動，一直維持到 2010 年父親的百年冥誕。根據寧波人的習俗和信念，去世的親人，到了百歲，就已經又投胎重回人間，前世的一切因緣都該終止了。

特別值得一提的是：爸爸百年冥誕時，我和二哥、小弟和宛如帶著三個爸爸的孫兒、孫女回到灣塘，與兩位大哥哥及他們的家人一起祭祀我們共同的大家長。這是我們太平洋兩岸周家子孫一次極有意義的家庭團聚。我們都深信，爸爸在天上看到太平洋兩岸的兒孫們聚在一起紀念他，而且兩岸的兒孫們都相親相愛，他一定非常欣慰。那一天，我們也特別向兩位媽媽鞠躬祭拜，祈求她們安息並保佑兩家的兒孫們平安順利。

坎坷艱苦的一生

只受過四年小學教育的大媽媽，在寧波的老家從年輕時大多數的日子都是靠著做縫紉養活一家人。1945 年抗戰勝利那年，她在村裡找到一個工作，到雇主家幫忙做裁縫，每天工資一斤半大米，雇主包中飯，解決了她每天午餐的問題。由於在雇主處吃飽中飯，她可將晚餐省下來給兩個兒子吃。

本來小姑姑在寧波教書，每個月都送來一些錢和米過來幫忙他們，讓他們生活過得稍微寬裕。後來小姑姑結婚搬到上海，全家只靠大媽媽的一點收入養家，生活頓時陷入困境。幸好抗戰勝利之後，父親又與寧波的家人聯絡上了，而且定時寄錢回家幫忙家計，大媽媽一家人過了幾年衣食無憂的日子。

這個好景一直維持到 1949 年新政府成立。1950 年底，父親被迫離開武漢，遷居香港。1952 年後，父親與我們一家遷居台灣，由於兩岸政府的限制，他一時間無法從台灣匯錢幫助家人，兩個兒子在讀完初中後，就因為交不起學費而被迫輟學了。

這個窘困的情形一直維持到 1954 年。那年，大媽媽的堂弟幫她拼裝了一台二手腳踏縫紉機。她用這台中古縫衣機，與另外三位朋友，在街上租了間小店面，合組一個縫紉隊，做起了縫製衣服的個體戶生意。那些年，收入稍微增加了，兩個兒子也都開始從事生產活動，一家人生活得到了一些改善，同時爸爸又開始透過香港的親友不定時匯錢回來，幫助家用。這種稍稍改善的生活，一直維持到 1958 年的大躍進，又被打亂了。

困難的日子並未影響到灣塘周家辦喜事與開枝散葉，兩個兒子在 1959 年和 62 年先後結婚。61 年開始到 68 年，兩個兒子前後為大媽媽增添了五個孫輩。當了祖母，大媽媽的生活除了裁縫工作外，還要幫忙帶孫子。雖然日子過得更忙碌，但是，看著孫輩們出生成長，大媽媽心裡面充滿著歡欣與滿足。

1972 年大兒子在村辦的綜合廠當會計，他運用那層關係將母親與她朋友的縫衣隊併入綜合廠裡，變成了綜合廠的一個生產單位。從那時起，大媽媽的工作和收入就更加穩定了。

一直到 1990 年之前，在大媽媽的主持下，兩個兄弟都未分家。兩家三代十個人都一起生活、一起吃飯，孫輩們一起學習、一起玩耍、一起成長，其樂融融。這是個傳統的農村家庭，雖不富足，但是兩個小家庭，三代十幾個人生活在一起，享受著大家庭的熱鬧與溫馨。

唯一遺憾的是：二兒子寧江的長子吉巳，自幼罹患嚴重的小兒麻痺症，不能下床，生活不能自理，需要有人全天照顧。大媽媽白天做裁縫，兩個兒子都在工廠工作，大兒媳婦也工作；只有二兒媳婦，也就是吉巳的媽媽，留在家裡照顧兒子，整理家務，並做飯給一家十口人吃。大媽媽也在每天工作之餘，盡力幫忙照顧這個孫子。

孫兒們憶奶奶

　　長孫吉牛記得：他小時候每天都由奶奶陪著睡覺，一直到五歲；堂弟吉巳罹患小兒麻痺症，需要奶奶照顧，吉牛這才放棄了和奶奶一起睡覺的特權。

　　我的大媽媽於 1938 年 10 月帶著兩個稚齡的兒子離開丈夫，從武漢回到寧波鄉下躲避日軍侵華的戰亂，從那年起就一直過著單親媽媽的日子，帶著兩個兒子教養他們長大成人，無論生活環境有多麼艱難，她總是用心地呵護著兩個孩子，等他們長大成人後，又幫著他們帶孫子。

　　一直到 1989 年，孫輩們都長大了，祖宅實在太擁擠，而且家庭的經濟情況改善，兩個孩子才在母親的同意下分家。大兒子、兒媳和兩個孫子與她住在寧波老家，小兒子一家則搬到不遠的鎮海城裡，自立門戶。

　　兩個兒子家距離只有十幾公里路，每到週末和逢年過節，小兒子都會帶著一家人回到老家，與母親及哥哥　家人聚在一起，真是應了：「媽媽在哪，家就在哪」那句話。即使兩個孩子都有了自己的家，自己的兒孫，這個灣塘村的周家，好像從來都沒有分開過。

　　大媽媽八十歲之後身體開始漸漸衰弱。她去世之前的一年多腦筋開始出現糊塗，有時神智不清，講話也漸漸不清晰。直至去世之前，她仍然住在家裡養病；兒子兒媳和孫輩們都日夜輪流看顧她，並送餐到床前陪她吃飯。她在 1993 年 6 月安詳離世，享

壽八十三歲，臨終前沒有受到太多痛苦。遺憾的是，她未能與她日夜思念的丈夫合葬。當時，農村尚未規定火葬，兩個兒子就按照當地風俗，進行土葬，並請僧人誦經祭奠。

大媽媽於 1993 年過世，至今已經三十年，孫輩們對奶奶的一切，仍然記憶猶新。他們都記得：即使在生活最困難的年代，每個人過生日，奶奶都會親自為小壽星做兩個水波蛋，並且為一家人加菜。在那個物資困難的年代，吃兩個雞蛋是孩子們每年一次的一項奢侈。現在的周家人吃雞蛋已經是稀鬆平常的事，但是，奶奶做的水波蛋，至今仍是兒孫們共同的甜蜜回憶。

另外一個傳統就是，有了孫輩之後，每個月拿到工資那天，奶奶都會給每個孫輩每人五角的零用錢。數目雖不大，但是，在那個苦難的時代，那每個月五角的零用金，已經是讓每個孫輩永遠不會忘記的外快。在同學和同輩的朋友之間，這是個讓大家羨慕的額外零用錢。

過年時，奶奶都會為每個孫輩親手縫製一套新衣服。這個傳統從兩個兒子小時候就開始了；後來孫兒孫女們出生，這個溫馨的傳統，也一直都給保留了下來。晚年時，奶奶眼力已經大不如前，但是她仍然堅持為孫輩們做新衣過新年。

大媽媽有兩個兒子，大兒子有兩個男孩，二兒子，除了早逝的吉巳外，有一兒一女；合起來共有四個孫輩。即使在今天，幾個孫輩談起奶奶，人人仍然都津津樂道，有著數不清的溫馨回憶。

灣塘村的周家在大媽媽的帶領下，在 1989 年前一直沒有分

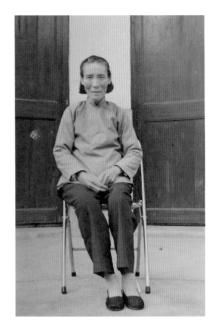

這張照片攝於 1988 年祖宅門前，那年大媽媽剛滿七十八歲，身體仍然健朗，是灣塘周家的大家長。

家，她的兩個兒子，兒媳和孫輩們都在她的照應下一起生活。孫輩們從出生起也都由奶奶幫忙照顧長大。每個孫兒女的生活裡都有奶奶愛心照顧的印記。奶奶已經離開了三十年，但是，在每個孫兒女的心裡面，奶奶好像仍然與他們在一起。

慈祥溫情暖，美食最難忘

長孫吉牛回憶：

奶奶在我們兒孫們的心中總是那麼的溫暖；奶奶一生清潔，穿著普普通通，但乾乾淨淨，給人一種溫暖慈祥的感覺。

她待人以誠、和藹可親。小時候家裡親戚往來特別多，大家

235

　　都喜歡來我們家走走做客，遠路來的，住上幾天或者更久。就連遠在重慶和漢口的兩位姑祖母及家人來了，也和我們吃住在一起，相處非常親愛；四周鄰居和奶奶關係都很和諧，大家相互幫助。奶奶一生都在做服裝，一直到七十歲還在服裝廠上班。

　　奶奶勤勞樸素，平易近人，對我們孫輩特別關懷和照顧。我小時候跟奶奶一起睡，直到我堂弟得了小兒麻痺症，奶奶就開始照顧堂弟了。為了給堂弟治病，奶奶背著他去上海尋醫看病，雖然不能治癒，但總算是能臥在床上生活了。堂弟後來自學了文字和算術，能寫詩詞和散文，還會簡單的算術；他很聰明，是我們這輩人中腦子最好的一個。堂弟很懂事，在他十九歲因病去世時，對奶奶的打擊非常大。

　　記得七歲那年夏天，奶奶帶我去上海走親戚，一住就二十多天。出門在外，奶奶總是教育我們：在外面不管做什麼，總要與人和睦相處，不要和人家爭強鬥勝，有時候吃虧就是佔便宜。這些話總是掛在奶奶嘴邊，也成了我們家的家訓。

　　我去鎮海中學唸書的時期，寄宿在學校，星期六晚上回家。奶奶總會在早上買好肉，晚上大家一起吃。那時候，糧食仍然很緊張，學校伙食不好，週末回家，奶奶就給我做一些最好的菜，讓我吃得飽飽的。每次星期一回到學校後，心裡最痛苦，因為還要等一個禮拜，才能再吃上奶奶的菜。

　　時間到了 1980 年，生活開始好轉。那年夏天，應上海雲仙姑奶奶邀請，我陪著奶奶一起去上海。那些日子，與親人聚在一起，拉拉家常，回憶往事，奶奶很開心。當時爸爸和叔叔的工作

順利，家庭生活改善很多，是我看到奶奶最愉快的一段日子。

十八歲那年，橋里戴（奶奶娘家）的外曾祖母去世了。自己的母親離開人世，奶奶特別傷心悲痛。多年以來，每個週六，我們孫輩們都會騎著自行車帶奶奶去橋里戴住一天，第二天再帶奶奶回家。外曾祖母的去世，對奶奶打擊非常之大，她身體也慢慢垮了下來。過了好長一段時間，才慢慢恢復過來，但總不如以往了。

奶奶的身體一直都很健朗，只是有些支氣管炎、一點貧血，那是長期勞累和營養不良留下的病根。1980年，奶奶七十歲那年她才退休。當時社會上，婦女都在五十至五十五歲退休，奶奶比一般人多做了近二十年。

三年後，我結婚了。婚後我們仍然與奶奶和爸爸、媽媽一起住。每逢年節，奶奶總是把芋艿刮得乾乾淨淨，紅燒或粉蒸排骨給我們吃。從小時候起，我們幾個孫輩就最愛吃奶奶做的好東西，有粉蒸肉、豬油糯米塊、油拖魚和茄子目魚乾燙。結婚之後，我仍然要求奶奶做這些好吃的東西給我們吃。

兒孫們都很孝順奶奶，每人出門回來，都會帶奶奶喜歡的零食給她吃。那時，我去寧波賣菜回來，一定先到第一食品商店，挑奶奶喜歡吃的東西帶給奶奶。奶奶也總是等到我回到家裡，她才放心。

兒子宇航出生後，奶奶成了阿太（曾祖母），她特別開心。阿太愛搶著餵小宇航吃東西，就像我小時候她餵我一樣。宇航仍然記得：阿太總是愛靜靜地看著他。我也記得，從小，奶奶就是

最愛靜靜地看著我吃、看著我玩、看著我長大。只是，現在再也看不到她老人家了。

親手製新衣，手錶成年禮

像許多其他家庭一樣，小孫子吉猴也是奶奶最寵愛的孫兒。像大堂哥吉牛一樣，吉猴最記得的就是：

奶奶從我小時候起，就常常教導我們待人處事的道理。奶奶總是教導我要堂堂正正做人、與人為善，要有寧願吃虧也不佔他人便宜的心態；要勤儉持家，身體力行。

所有的孫輩，幾乎每一件衣服都是奶奶為我們親自縫製的。每到過年，奶奶都會幫每個孫輩孩子縫製一套過年新裝，而且給我們每人一個紅包。每個月領到工資，奶奶還會給每個孫兒五角錢零用錢。這些錢現在看來都微不足道，但是，今天孫輩們回憶起那時候每個月收到零用錢的興奮快樂，心裡仍然會充滿著溫暖的幸福感。

儘管在生活最困難的時候，孫兒們生日的那天，奶奶一定會用兩個雞蛋做一碗雞蛋甜湯，給過生日的孫子或孫女吃。現在，家家戶戶每天都吃得上雞蛋，生日那天都要吃個蛋糕，還要上館子。但是，回憶起小時候每年生日那天，能吃到奶奶親手做的雞蛋甜湯，那份溫馨的享受，每個孫兒孫女都是回味無窮，永遠不會忘記。

奶奶還有一個令孫兒們難忘的事，就是每個孫輩的二十歲生日，奶奶都會送我們一支手錶作為成人禮。雖不是名牌手錶，但

在那個時候，這是奶奶能送的最貴重的一個禮物。在當時，手錶
是許多家庭娶媳婦時的四大件之一。

直到今天，幾個孫兒們仍然記得，當時奶奶送成年禮的盛
情！這個禮物是我們還未滿二十歲前的期盼與等待。到今天，每
個孫輩都還珍藏著那個成年禮，作為我們對奶奶的一個永遠的念
想。

奶奶是一個虔誠的佛教徒。從懂事開始，吉猴就記得：

奶奶每天清晨就在自家堂屋正門柱上焚香拜菩薩，祈求天下
太平、風調雨順，也求菩薩保佑周家子孫後代永世平安吉祥。這
個每天必做的晨課，一直維持到 1966 年文革時，因為政府規定
破四舊才停止。文革開始後，宗教信仰和祭祀祖先都被歸屬於舊
文化、舊風俗，被定性為封建舊社會裡牛鬼蛇神的一部分。當時
的做法是要砸爛一切舊思想、舊文化、舊風俗、舊習慣（破四
舊）；於是，就連在家庭裡的祭祀也被禁止。

到了 1968 年，中央決定要阻止文革對文物、文化的破壞，
令年輕的紅衛兵上山下鄉，向貧下中農學習，破四舊運動才逐漸
停止，家庭裡的拜佛、祭祖才逐漸恢復。

吉猴還記得：

奶奶晚年時，每個週末都會帶著孫輩走上六、七里路，到橋
里戴的娘家看望她的老母親。到了那裡，阿太（外曾祖母）都會
做許多好的東西給孩子們吃，就像是在抗戰時代，我們的爸爸和

叔叔還在讀中學，每個週末都走路到他們的外公、外婆家飽食兩餐，然後，再背著兩袋米回家供平日食用。

這一隔，就是三四十年，整整一代了。只是，這一代的曾孫輩們已經不是去阿太家充飢了，也不需要再背米回家填肚子了；他們是陪著奶奶回娘家看望阿太，並讓阿太逗著玩。

吉猴還記得：

奶奶自幼透過自家家傳，學會了一個特殊功夫，她常用來幫助鄰近的村民們尋找走失的家禽、貓狗或遺失的物品，甚至是迷路的小孩。通常，求助者來到家裡，奶奶會觀察是哪一隻腳先踏入房子，再問來人：動物或物品丟失的日子及時辰，然後讓來人求卜抓籤。綜合這些資料，奶奶通常就可指出遺失的物品、孩子或小寵物在哪，非常準確。

奶奶幫忙村民從不收任何費用，所以，她在鄉間人緣極好。只是，到了文革，不准拜佛，卜卦被視為迷信，所以奶奶就不再做了。

大媽媽已經離開大家三十年，但是她對兒孫們的愛，還是深深地刻印在兩個兒子和每個孫兒的心上。與丈夫長年分離，大媽媽一生母代父職，活得忙碌又充實；晚年她兒孫繞膝，過了幾年安定又幸福日子。

第八章

苦盡甘來

三十年的苦難終於熬過去了

　　1978 年 12 月 18 日開始的中國共產黨第十一屆中央委員會第三次全體會議上，決議否定華國鋒的兩個凡是，放棄了自毛澤東掌政以來，以階級鬥爭為綱的政治路線，並決定採行「實事求是」的新路線，以經濟建設為第一要務。

　　從那時起，中共中央在鄧小平領導下，開始推動改革開放（對內改革，對外開放），揚棄舊有的馬列毛教條，開始經濟掛帥。鄧小平既不墨守成規，也不盲目引進資本主義，他主張「摸著石頭過河」，走出一條「具有中國特色的社會主義道路」。

　　中國特色的社會主義就是：政治方面，在共產主義的意識形態和社會主義的理論基礎上，維持中國共產黨一黨專政；經濟政策則是：在國家計劃經濟的體制下，引入資本主義和市場經濟的一部分做法。自此，中國大陸的經濟制度從刻板的計劃經濟逐漸轉變成較有彈性的社會主義市場經濟。

　　改革開放為整個中國經濟帶來了天翻地覆的改變。政治和社會生活上，對黑五類的打壓也逐漸放鬆。三十年來，因為海外關係而處處遭到不公平待遇的周家兄弟二人，終於等到了翻身的一天。

　　1979 年，鄧小平取得中共領導權，開始全面推動改革開放政策，寧波周家的生活，才算是真正獲得實質上的改善。

　　「樓上樓下，電燈電話」這八個字，在六十年代，象徵著只有蘇聯老大哥人民才能享受到的生活；在當時的中國農村，這八

個字只是遙不可及的夢想。但是在改革開放的推動下,「樓上樓下,電燈電話」, 成了中國百姓可望又可及的現實生活了。甚至,已經進階到了高樓大廈,全面電器(電子)化。

改革開放四十多年後的今天,大哥哥仍然清晰地記得當時在農村裡,人們都是住木造或磚塊泥土砌成的平房。兩層樓的洋房在鄉下是少之又少。家裡照明常常是靠著煤油燈,一個村裡沒有幾部電話;即使有,也幾乎都是屬於政府機構或公辦企業。

改革開放四十多年後,今天的農村裡,兩三層樓的洋房已經隨處可見,電燈、電話也早已全面普及。尤其是電話通訊,中國的農村早已彎道超車,跳過傳統的有線電話,直接發展到移動電話。今天中國農村手機普及的程度,已經超過了世界上許多的先進國家。整個中國,移動電話的總量已經超過十六億戶;最新穎先進的 5G 通訊,在中國農村也已經極為普遍。這些都是改革開放帶來的成果。

改革開放後,中央和地方揚棄了「唯成分論」;「黑五類」這個名稱也正式走入歷史。對於寧波周家來說,那份壓在他們身上三十年,讓他們喘不過氣來的「海外關係」桎梏,終於獲得解除。

無力供給兩個孩子讀高中,是大媽媽終身的遺憾。晚年時,當她知道丈夫在台灣的五個孩子都讀完大學,而且都到美國留學深造,她不免感嘆自己的兩個兒子命不好,沒有機會接受完整的教育。的確,當爸爸在台灣的兒女們都在享受完整教育時,在大陸的兩個兒子卻都在無止境的社會動亂下,受到不公平的對待,

甚至無法接受高中教育。

爸爸則安慰兩個兒子說：人生的許多事都是受命運的安排。他叮囑兩個孩子不要自怨自艾！讀書、學歷固然重要，自己多看、多學，增強能力，也可以補充學校教育的不足。父親並以自己做例子，鼓勵他們好好工作，終會有出人頭地的一天。的確，父親就是因為祖父思想老派，不讓他讀完高中，但是他透過自學幾乎完成了大學的學業，他的英文甚至超過大學程度。兩個兒子也都聽父親的話，從不自怨自艾。他們等待的機會終於在 1979 年到來了。

兄弟二人都當上了廠長和共產黨員

那年開始，平日工作努力而且表現良好的兩兄弟終於獲得了他們應得的尊重與肯定。哥哥周中（寧武）被提升為村辦企業灣塘綜合廠廠長，弟弟周平（寧江）則被擢升鄉辦針織廠廠長。他們終於盼到等待了三十年的出頭天；從此，他們可以抬頭挺胸，光明正大的做個正常人了。

大哥負責的綜合廠下設時裝、電器零件和漁具、漁網三個部門，共有員工三百多人。二哥則是主持鄉辦的針織廠，也有三百個員工。由於鄉辦企業算是國家企業，二哥退休後，在退休金和保險方面的福利，都比從村辦企業退休的大哥要豐厚一些。

經過上級的考核，兩人都先後被推薦加入共產黨；又經過一

四十多年來一直掛在灣塘周家房子大門
上「黨員家庭戶」的牌子。

年的觀察考核，哥哥寧武於 1980 年正式入黨，弟弟寧江則於次
年成為黨員。在祖宅拆遷之前，寧波老家的大門上一直都釘著一
塊紅底金字「黨員家庭戶」的牌子。

　　我問大哥：作為黨員，對於生活有沒有實質上的好處。他
說，黨員代表的是責任與榮譽，對於生活沒有任何實質上的助
益。過去，有海外關係者，被歸類成牛鬼蛇神。改革開放開始
後，非但海外關係已經不再是罪惡，鄉鎮領導還前來關懷，請兩
位哥哥多與海外的家人聯絡，看他們是否需要任何服務，並且要
他們鼓勵海外家人回家鄉投資。

　　由於我們都不是從事貿易或生產事業，所以並未返鄉投資。
然而，看到國內百業欣欣向榮，兩位大哥都生活得無憂無慮，溫
飽有餘，我們都感到很欣慰。我們也都感激我們的爸爸和兩位媽
媽在天上給所有兒孫們的護佑。

　　大哥一直在廠長職位上工作到 2003 年初才從崗位上退休。
那年他剛滿七十歲。退休之後，他被聘任為浙江省老人電視大學
輔導員。他每個星期有一天下午，到灣塘村社區服務中心，利用

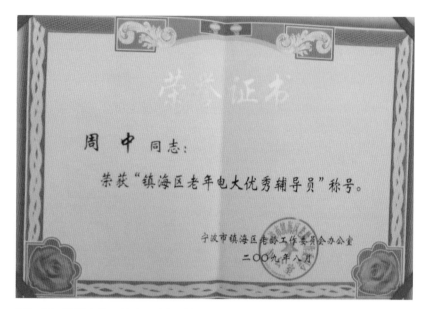

浙江老年電視大學頒給大哥的優秀輔導員證書。

電視資訊為當地老年人講解、分析並評論時事。

　　大哥哥說：這是一個沒有報酬的榮譽職。但是，這份工作需要他專注國內外大事，還要記錄分析；對於自己的思考力、記憶力和分析能力都很有助益。更重要的是：透過這個工作，他能與村裡的鄰里朋友們保持聯繫，讓自己保持忙碌。由於工作表現優異，他還獲頒 2009 年「鎮海區老年電大優秀輔導員」證書。

　　我們這一房在美國的大哥，年過八十，仍然在紐約州立大學水牛城分校數學系執教，長他八歲的寧波大哥則在鎮海社區老年大學當輔導員。雖然領域不同，兄弟兩個年逾八旬的老人，卻隔

著半個地球在教育事業上相互輝映。

在老家拆遷之前，除了每週一次的教學，大哥哥每天上午都走路到村裡的市場買新鮮的蔬菜魚肉，中午做些菜與每天前來陪他的大兒子阿牛一起吃，晚餐則與同住的小兒子阿龍一起吃。週末時，孫輩們也常來看爺爺。這些維持了十多年的傳統，一直到2022年10月，因為灣塘老家的拆遷才終止。

目前，大哥獨自居住在政府拆遷祖屋後補償的駱駝山公寓大廈，他仍然身體健朗，能夠自己料理生活的一切。兩個兒子，兒媳們都經常來看他，陪伴他。

由於大哥哥是農村戶口，退休金與保險都比在鎮海城裡的二哥要差一些。大哥每個月的社保和高齡補貼加起來才1,600多元。不過，大哥住在鄉下，活動也大都在灣塘鄉下，生活簡單，加上大兒子吉牛每個月都孝敬他一些錢，日子倒也過得很安逸。最難得的是，雖然已超過九十歲，他仍然身體健朗，耳聰目明，頭腦清晰；是一位非常健康，知足又快樂的老者。

每次，我們幾個弟弟回老家看他們，他都會親自上市場，買些弟弟們愛吃的菜。晚餐時也都會陪弟弟們喝兩杯。見到弟弟們，他總是興致很高，談起往事滔滔不絕、趣味盎然。二哥則是陪著弟弟們划酒拳，頻頻勸酒，毫不含糊。他令我想到爸爸在世時喝酒的豪氣。

母親七十大壽的盛宴

　　1980 年春天是大媽媽七十歲生日。為了感念母親幾十年養育的辛勞，兩個兒子決定辦一個盛大的壽宴，為媽媽慶祝她的七十大壽。那時，兩個兒子都已升任工廠廠長，地方上的名望與地位都很高，朋友故舊又多，他們也有經濟能力為母親慶祝一番。

　　儘管母親平日總教導他們勤儉持家、不可浪費、不要鋪張；但是，為了感謝母親一生的辛勞，兩個兒子決定這次要違背母親平日的教誨，好好幫媽媽熱鬧一下。母親理解兩個兒子的孝心，也就勉強接受了。

　　經過多日的籌劃，兄弟二人邀請了鄉村裡的領導、地方士紳，和街坊鄰居共約百人為母親賀壽。壽辰當天，兩個兒子在家裡門前的空地上擺了十一桌壽宴，桌上鋪著大紅色的桌巾。那天，由大兒子掌廚，二兒子和兩個兒媳婦做下手，做了每桌十道大菜，並備了美酒。辛苦了一輩子的周家大家長，在兒孫和賓客共一百餘人的祝福聲中，歡度了一個喜氣洋洋的壽誕。

　　那時，各種肉類都已供應無缺，不夠的糧票也都可以在市場議價買到。最令客人驚奇的是：每桌席上都有一條非常稀有的大黃魚，那是一般人有錢都買不到的珍品。他們能張羅得到，是因為大兒子寧武主持的灣塘綜合廠有一個專門生產漁具、魚網的部門。寧武平日對於漁民照顧甚多；因為這一層關係，在太夫人壽宴那天，漁民們送來了十多條大黃魚，為太夫人賀壽。

　　這是幾十年來，寧波周家第一次大規模的舉辦壽宴，在灣塘

村的鄰里間，傳為佳話。對於大媽媽來講，這是她四十多年含辛茹苦、獨力養育兩個孩子長大成人以來，得到的一個最溫馨的回報。

這也是第一次完全由兩個孩子策劃、操辦、主持甚至親自主廚，為母親祝壽的盛事。老人家感到特別欣慰、特別歡喜。往日在家裡，都是由媽媽為兒孫們慶祝生日，她自己的生日都是馬馬虎虎地度過。回想起幾十年來的苦楚和辛酸，大媽媽內心不禁興起一股苦盡甘來的喜悅。

從未見過爺爺的阿牛卻最像爺爺

周吉牛（阿牛）是大哥的長子，也是爸爸十幾個孫輩裡的長孫。他高中畢業時剛好碰到文革結束，高考恢復。由於鄉間資訊比較落後，他在 1977 年倉促參加剛剛恢復的高考，因為準備不足，沒有考上。

後來他半工半讀，於次年考上了。然而，他收到錄取通知後，卻因為祖父在海外，政審不通過，而被刷了下來。

後來，他只能進入鎮海塑料五廠工作。五年後因為工作表現優異，而且政府在開放政策下，取消了政審制度，他被工廠黨委推薦到浙江農業大學接受一年的機械製造培訓，並於 1986 年以第二名的成績畢業。這一年裡，他學習到許多機械生產及工廠管理的知識。後來他被推薦入黨，並擔任副廠長。1991 年，他從

單位下崗，憑藉所學和工作經驗，與朋友先後開了一家塑料工廠並從事建築及裝潢工程，事業非常成功，也買了在鎮海區的第一套住宅。後來因為建築及裝潢生意太忙，就將塑料工廠交由弟弟吉龍幫忙管理。

已年過六十的他，大部分的同僚和朋友都已經退休養老了；但是，他仍然努力工作，繼續創業。2022 年，他與朋友開了兩家新工廠。一家叫鼎騰甬尚科技有限公司，專門生產電烙鐵焊嘴，供晶片工廠焊接元件之用。另外一家叫寧波鎮聚新能源科技公司，主要是做光伏和聚電設備；有了這個裝備，一般工廠可以利用夜間電力使用的離峰時間，儲存電力，供白天電力緊張的時候使用。這樣能為用戶節省電費，也可紓解電網在巔峰時段的供電壓力。

他對於自己能進入晶片和新能源設備的生產感到特別高興。我看到他清潔整齊的廠房和我自己都看不懂的產品，也為他感到特別驕傲。

我父親在美國的孫輩們都畢業於美國的頂尖名牌大學，而且大都有博碩士學位，但他們都只是高薪的科技打工族。只有這個長孫，連正規的大學都沒有進過，卻能開設工廠，生產高科技和新能源相關產品。我對阿牛說，「你真像你的爺爺，大學都沒有讀過，卻能努力工作，打出一片天地；真不愧是爺爺的長孫！」聽到這話，他好興奮，一直問：「叔叔，真的嗎？」

2023 年底，我們回寧波時，阿牛請了假，全程陪伴我們。第一天晚上，他到高鐵車站接我們，後面三天帶我們看灣塘已經

阿牛創辦的鼎騰甬尚科技有限公司大門口。

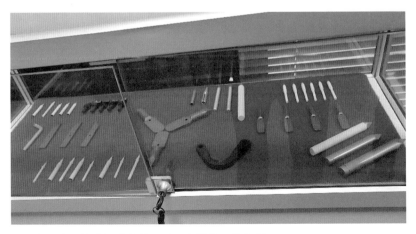

工廠生產的電烙鐵焊嘴專供晶片工廠焊接原件之用。

拆除的老家、他爸爸在駱駝山的新家、他的工廠；他還帶著我們
掃墓，以及安排每天的午餐晚餐，真是馬不停蹄。

坐在他嶄新的寶馬轎車上，我更覺得他是所有孫輩裡最像爺
爺的孫子。他開起車來，沒有耐心，一路上一直罵旁邊車輛的駕
駛，沒有耐心時又愛按喇叭。這一切真是像極了他的爺爺。我記
得小的時候坐在爸爸開的車裡，他總是沒有耐心地罵人，按喇
叭。當我告訴阿牛這個故事時，他更是開心極了，直說：「叔
叔，你一定要告訴我爸爸喔，這樣，他以後就不敢管我了！」

灣塘村周家百年來的第一棟新屋

1980 年代，一家三代已有十個人，擠在兩間年久失修的木
造祖屋裡，居住空間和環境非常窘困。雖然，兩個兒子都已經當
上廠長，但由於當時國家開始大興公共建設，民間建材供應短缺
而且價格昂貴，根本無力加蓋新屋。

當時，我們的父親已經去世，我的母親仍繼續與大媽媽的兩
個兒子通信，並不時的匯些錢幫助他們。在 1988 年，媽媽得知
他們住屋的困難後，從美國寄給他們一筆錢幫助他們擴充住屋。
大哥哥寫信告訴我媽媽，請她在匯款通知上一定要註明，款項用
途是住屋改建。

有了這筆專款專用的外匯，兩位哥哥才能到「華僑建材市
場」買到平價的水泥、磚瓦、木料等建材，再加上兩兄弟平日的

儲蓄，他們建造了一棟兩層樓的嶄新洋房。新屋裡有三間臥室、兩個舒適的廳堂和一個寬敞的廚房。在當時的灣塘村，這棟新房子算是特別新穎寬敞的；它大大地改善了一家人住房擁擠的窘境。

　　一直到 2022 年 10 月底之前，大哥哥都住在這棟房子裡。二哥和二嫂都已於 1990 年之後搬到鎮海市區，他們的兒子和女兒也都有了自己的住屋；大哥的長子吉牛也已搬到鎮海城裡。但是，逢年過節或者美國的弟弟們來訪，兩家人仍然都回到灣塘村的老家團聚慶祝，而且，二兒子吉龍也經常回家陪爸爸住。大媽媽辭世後，大哥成了維繫灣塘周家三代人的大家長。在美國的弟弟們和侄兒女回到寧波，也都是先去看望大哥哥，大伯父。

2019 年，我和小弟回老家，大哥特地到市場買來鮮活的鯽魚，親自在戶外廚台清洗，料理，做可口的家鄉菜蔥燒鯽魚，招待遠道來訪的弟弟們。我們小時候在台灣，媽媽做的蔥燒鯽魚一直就是我們最愛的家鄉菜。

　　屋子的前院，種植了兩棵果樹和一些花卉，在院子角落，搭了一個雞棚養了幾隻母雞，春夏之際花木扶疏，非常恬靜舒適。院子角落建了一個戶外廚台，並挖了一口井，供清洗食物和庭院澆水之用。

　　新房子造好時，大媽媽仍然在世，她一再交待兩個兒子，不可忘記武漢媽媽的愛心幫助（他們還很小的時候，爸爸就教他們要稱呼武漢媽媽，不要稱小媽媽）。1988 年，新屋建造時，父親已經過世八年，媽媽匯出這筆幫忙造屋的錢，她手邊的錢已經所剩無幾。

　　1949 年新中國成立之後，整個灣塘村周家的三代人都住在一起，互相幫忙，彼此照顧，是一個典型的農村大家庭。由於兄弟娶了姐妹倆，兩家人相處得更是特別融洽親近。即使，現在兩家已經分開來住，但是那份一家人的親情仍然毫無改變。

灣塘村周家百年祖屋的終極命運

　　2021 年，政府推動社會主義新農村建設計劃；去年，整個灣塘村的民宅幾乎都被拆除並重新規劃為農田。周家的百年木造祖屋和後來興建的二樓洋房都被政府規劃拆除。在 2022 年 10 月底，大哥哥已遷往鎮海區駱駝山新建的十八層樓的電梯大廈。根據原住屋的佔地面積、地上建築面積，和家庭人口，他們一共可以分到四戶；大哥、二哥各分到兩戶。

　　二哥多年前已經搬到鎮海區城裡自購的房子，兄弟兩家的晚輩也都擁有自購的住房。目前，大哥以及二嫂已經各自搬進新屋居住，其他兩戶，完成後可以用來出租。三十多年前，兩家三代十人都擠在已經破損不堪的兩間木造祖宅裡，後來武漢媽媽幫忙造了一棟兩樓洋房，算是解決了住屋的窘困。三十多年後的今天，除了自住屋之外，兩家人還擁有幾戶出租屋，這是以往連做夢都想不到的。

　　大哥新的住家大樓一切都是嶄新的設備，包括電梯空調等等。在這個新社區有幾棟十八層大樓，設計規劃都十分完善，而且社區內有大量的綠化及步道區。大哥每天走路不到五分鐘就有市場，商店和餐廳，生活機能非常方便。然而，大哥哥對於搬離的祖屋仍然感到依依不捨。

　　灣塘村是周家的根，是兄弟兩人一起生活、一起吃苦、一起成長的地方。在那個生活了八十多年的老家裡，處處都有母親和妻子的身影；那裡有一家人太多的回憶，苦的、甜的，都令大哥回味無窮。大哥深深地感覺到：到了這個年紀，最不能割捨的就是往事與回憶。

　　解放後的四十年裡，寧武和寧江兄弟都未曾分家，兩家人實際上就是一家人。直到 1990 年，因為孩子們都已成家，又有了孫輩，人口太多，老家的房子實在住不下，才在母親的同意下，讓二哥一家人搬到鎮海城裡。那年，大哥已經五十七歲，兄弟二人才算是分了家。

　　如今大哥已經九十歲了！除了五歲前與父母住在武漢之外，

大哥新搬進駱駝山的電梯大樓，這個小區規劃十分完善，社區內有大量的綠化及步道區。

老家弄堂旁的灣塘溪，就是周家的母親河。一百一十多年前，爸爸在溪旁的老宅裡誕生，七十七年前，爸爸最後一次回家，曾在這裡帶著他的兩個兒子在溪裡戲水。

後來的八十多年都是住在灣塘村的老家。八十多年裡，除了偶爾到內地其他城市出差和短暫旅遊之外，他幾乎沒有離開過這個家。他在這裡長大、成家，並有了自己的兒子和孫輩們；在這裡，他也失去了最親愛的母親和妻子。灣塘村河西路六號就是他生命的根，這裡的人、這裡的物、這裡的小溪、這裡的窄巷、這裡的一磚一瓦、一草一木，就是他生命歷程的全部。

　　大哥理解政府發展農業的政策，也樂意配合政府全面規劃的需要。但是，想到這個周家的祖屋，這個象徵著周家的根，被連根剷除，大哥心裡仍不免充滿著不捨。尤其是想到新家裡不再有

周家百年的祖宅和 1988 年建造的新屋都已經被拆除。政府計劃將整個灣塘村都重新規劃為農田。

母親與妻子的踪影，心裡更是充滿著無奈與苦澀。

2019 年春天，我和小弟在新冠疫情之前最後一次回到灣塘老家。大哥帶著我和小弟走在鄉間小道，回顧著他一生的甜與苦，回憶起母親一生的坎坷與苦難，回憶起亡妻亞君的善良與體貼，大哥難掩心裡的悲戚。說著說著，他不禁神情黯然，老淚盈眶。

十幾年來，我和宛如、二哥及小弟七次回老家，在灣塘祖屋旁的溪邊小徑，踏著爸爸幼時走過的鄉間小道，我們都能感受到與父親一生的特殊連結。2023 年 11 月，我和宛如再回到灣塘村時，那些熟悉的林蔭小徑和周家祖宅已被完全剷除，我們要去哪裡才能夠尋找到與爸爸老家的那份特殊的連結呢？

灣塘村，這個寧波周家生根、成長、開枝散葉，綿延超過百年的小村莊，終將成為我們這個家族記憶的一部分。

灣塘村民每天必經的灣塘橋，仍然保留著民國時代豎立的繁體字橋墩，見證著這個小橋的悠久歷史。

第九章

台灣的周家，僑居漸失根

從重慶到武漢、香港、台灣，終至美國

　　1940 年，爸爸媽媽在重慶組織了我們這一支的周家；大哥和姐姐都出生於陪都重慶，二哥則於抗戰勝利前一年出生在成都。抗戰勝利後，我和小弟則出生於武漢。雖不是含著金湯匙出生，但是，我們這幾個兄弟們，除了隨著父母搬遷至香港和台灣之外並沒有受到戰亂的波及。在大陸時，爸爸在郵局和後來在美孚公司的工作，一直都讓我們過著安逸的小康生活。1950 年冬，新中國成立一年之後，我們舉家遷往香港。

　　那年，爸爸媽媽帶著孩子們，離開一切都熟悉的第二故鄉武漢，來到陌生而且語言不通的香港。在香港待了兩年，又離開那個毫無歸屬感的地方，來到一個更陌生的小島台灣。在那裡，我們兄弟幾人都平安長大成人，父母親也從中年邁入老年，乃至爸爸最後終老台灣。

　　由於國民黨和共產黨敵對政策的限制，父母親在新中國成立之後，再也沒有機會回到過他們出生的故鄉寧波、成長的故鄉武漢，以及抗戰時他們成家的第三故鄉重慶。

　　從武漢到香港，我們並不像一般人的逃難。我們並沒有翻山越嶺或涉水偷渡，而是由媽媽帶著五個孩子和我的奶媽（她可沿途照顧我），乘坐火車很舒適地到達廣州；在廣州，我們入住珠江鐵橋邊上的珠江大酒店。先到香港安排一切的爸爸來接我們，並在廣州玩了一週才轉往香港。如果將它叫成逃難，那可是一個豪華型的逃難。而且，爸爸已經有香港美孚公司的工作在等著

1950 年爸爸先遷往香港，安排工作。我們則於那年冬天，經過廣州再到香港。
這張全家福的照片是爸爸接到我們後，攝於廣東市中山紀念堂前的台階。

他。

到達香港後，大哥、姐姐和二哥都上了小學，媽媽和奶奶則在家裡帶三歲的我和小我一歲的弟弟。到了週末，爸爸常帶著一家大小到沙田、新界和深水灣各地遊玩。在那個困難的年代裡，我們一家人過了兩年雖不富裕，但是平順的日子。

1952 年初，父親在香港的工作並不順利，加上社會動亂、治安不好、物價高漲，他們擔心爸爸的收入將來不足應付五個孩子的生活和教育開支，乃決定由媽媽帶著四個孩子於 52 年夏天先坐船到台灣。爸爸留在香港善後，我則先隨著奶奶回到武漢，我那時才四歲多。後來爸爸媽媽告訴我，由於我從小就由奶奶照顧，那時由她帶著離開父母，我毫無掙扎。

當時，台灣實施戒嚴，對於入境管制和戶籍的發放都非常嚴格。幸好阿姨的丈夫當時服役於空軍，透過他的擔保，媽媽和四個孩子才得以順利入境並取得戶籍。剛到台北時，因為沒有房子住，一家人就暫時擠在阿姨家原本就不寬敞的台北空軍信義新村眷舍。半年後，爸爸辭掉了美孚公司的工作，到台灣與家人團聚。

到了台北，爸爸工作暫時尚未有著落，就先將一家人搬到大安區安東街的一處陳舊的小平房；因為那裡房租便宜，一家人就先在此安頓。他們先安排三個大的孩子插班進入仁愛路和新生南路口的幸安小學（那時還沒有國民小學這個名稱）。三位兄姐和小弟以及後來到台灣的我，都是先後從幸安小學畢業的。

安頓好了孩子們讀書，爸爸才開始找工作。由於當時台灣經

濟落後，沒有什麼大的外商企業，爸爸在美孚公司的經驗也派不上用場。沒有工作收入，帶出來的錢也快用完，媽媽只好拿出一些細軟出來典當變賣，暫時支應一家人的生活開銷。

碰了幾次釘子之後，爸爸終於在一家名叫中國汽車公司的汽車修理廠找到工作，並擔任廠長。其實，爸爸並沒有接受過汽車修理的正式專業訓練，他憑藉的是自修學到的英文，和在抗戰時重慶郵局裡做汽車修護的實務經驗。那時在台灣，擁有私家汽車的家庭非常少，有車階級很大一部分都是派駐在台灣的美軍和美商家庭。

除了汽車修護的經驗之外，藉由廣播英語教室習得的英文，和他在美孚公司與美籍同事交流的經驗，讓爸爸對這個工作得心應手。美軍人員輪調離開台灣時，爸爸的公司常常就將舊車買下來，整修之後再出售，賺點額外的利潤。在舊車賣掉之前，老闆常讓爸爸將車子開回家，所以我們家也成了「有車階級」。在當時的社會，有私家車是一個富裕家庭的象徵，而我們家有車則是因為爸爸工作上的便利。

在台灣，我們這一支的兄弟們，一直生活在父母親的呵護照顧之下，雖然日子也是有甜有苦，但是我們都在平順而且不虞匱乏的環境中接受了完整的教育，幸福地成長。大學畢業後，我們幾個兄弟和姐姐都先後到美國留學。我們後來也都移民美國，將周家的這一棵樹，連根拔起，移植到了太平洋彼岸，這塊肥沃卻陌生的土壤上。透過自己的努力，在美國的幾個兄弟都成了中產階級，生活雖不特別富裕，但每個小家庭都能溫飽無虞。

　　爸爸在這個修理汽車的行業一待就快二十年。雖然這並不是一個特別耀眼的職業，但是靠著這一份穩定的中上等收入，爸爸就能讓我們一家人溫飽有餘，而且他還能經常寄些錢幫助在寧波老家的母親、妻子和兩個大兒子。

　　爸爸生長在一個非常傳統守舊的家庭。祖父一心就想讓他繼承家裡的海產乾貨店，讀完高中二年級，爺爺就令爸爸輟學，並安排他到朋友開的店裡學生意。寧波人講的「學生意」，也就是一般人通稱的「做學徒」。

這張照片是在 1964 年哥哥出國前夕，在台北縣新店住宅院子裡拍攝的。它是我們家最後的一張全家福相片。那次之後，一直到 1980 年，父親去世，我們一家人就從未再聚在一起過。

爸爸志不在於海產店，輟學之後，他每天透過廣播學習英文；兩年後，瞞著父親考進郵局，並展開了與海產乾貨全無關聯的職業生涯。

周家子孫都長於數學

其實，我們的父親是一位頭腦特別聰明、反應快，而且又好學的人。媽媽常嘆息：要是你們的爺爺開明一些，不強迫他輟學去做學徒；如果國家社會能安定一些，爸爸應該能進一所很好的大學，在學術界或教育界大有作為。然而，爸爸卻生不逢時，一生都沒有機會發揮學術上的潛力。後來，當我讀到一些民國時代的學者到歐美留學，回國後在科學和文化方面為新中國或台灣的科技和經濟發展貢獻卓著，我常會感嘆，可惜我們的父親沒有那個機會。

值得安慰的是，在爸爸身邊成長的五個孩子，都努力完成了大學以上的學習歷程，而且在各自的工作領域上也都努力負責。把我們五個人的努力加在一起，或許可以彌補一點爸爸無法完成完整教育的遺憾。

爸爸在學校時的最強項是數學，他讀高中二年級時，參加湖北省全省中學數學會考，就打敗所有參賽的高中學生，獲得全省第一名。

爸爸的數學基因還直接傳給了周家的下一代。他在台灣的大

兒子周晴以高分考進台灣大學數學系，以優異成績畢業。後來，留學美國，以短短三年的時間就在紐約州的羅徹斯特大學獲得博士學位，並在紐約州立大學水牛城分校數學系執教五十餘年。他先後擔任過系主任和研究所長。過繼給舅舅的三哥畢業於武漢大學數學系，後來留學美國取得碩士學位，並在 IBM 工作直至退休。姐姐，弟弟和我的數學沒有特別傑出，但是，對於數學，我們也都是得心應手的。

兩位在寧波的哥哥也都告訴我：他們在學校時，數學都是他們的強項，可惜的是，他們沒有機會繼續求學，發揮所長。爸爸的長孫吉牛，高中時，還是當地重點高中鎮海中學的數學隊隊員。

在美國，大哥的兩個兒子逸之和微之都是數學的頂尖學生；姐姐的女兒李黛比曾經是南卡州的數學代表隊員；三哥的兒子王進，畢業於哈佛大學數學系；我的兒子一先則曾獲得南加州高中學術十項全能比賽的數學單項冠軍。

如果爸爸能夠活得長一些，看到孫輩們數學方面的傑出表現，不知道會有多麼驕傲！我常告訴我的一對兒女，「你們的爸爸讀書很普通，你們好的學習基因，都是來自爺爺的隔代遺傳。」

五個孩子都留學並定居美國

　　爸爸在台灣長大的五個孩子，比起我們在寧波的兩位哥哥都要幸運得太多了。兩位哥哥，因為付不起學費，都只讀完初中就被迫輟學；而在台灣長大的五個孩子都讀完大學，而且都留學美國拿到了博士或碩士學位。我深信，如果兩位大哥有我們一樣的機會，他們學業上的成就一定不會比我們遜色。

　　由於我們家庭並不富裕，每個孩子留學都靠獎學金或打工。大哥周晴是靠全額獎學金，三年就拿到紐約羅徹斯特大學的數學博士學位，並在紐約州立大學水牛城分校當教授超過五十五年，至今仍未退休。

　　記得我們的大哥畢業時，爸爸原來工作的公司結束營業，我們家境特別不好，連大哥出國的飛機票都是靠爸爸的一位朋友幫忙買的。哥哥到了學校後，一拿到獎學金就每月寄一百元美金回家幫助爸媽和弟妹們。

　　因為哥哥在水牛城教書，姐姐周南和二哥周鍊也都去那裡讀書，讓哥哥就近照顧。當時紐約州立大學對合格的外國留學生免收學費，加上他們先在台灣工作了三年，所以經濟上沒有對爸媽造成太大的負擔。姐姐讀的是企業管理碩士，二哥讀的是藝術和雕塑雙碩士。弟弟周倜也是先在台灣工作三年，他學的是化學而且有全額獎學金，所以留學也沒有花父母的錢，畢業後一直在美國大型輪胎和化工企業做化學工程師。

　　只有我一人，既無獎學金也沒有先工作存錢，完全是拿父母的儲蓄出國讀書。我讀的是東岸的西維吉尼亞大學新聞研究所。1971 年，申請學校時，我拿到好幾所大學的入學許可。我選擇

1964 年夏天，哥哥是我們家的第一個出國留學生。爸爸媽媽和弟妹們到機場送行。

姐姐在 1968 年赴紐約州立大學水牛城分校攻讀企管碩士學位。離開台北時，
一家人都到機場送行。爸爸對這個從未離家過的女兒尤其是依依不捨；臨行還
細細叮囑。

西維大，一方面是那裡的學費比較便宜，更重要的是因為姐夫在那裡教書，我可以依循家裡兄姐帶弟妹的傳統。我第一年的留學生涯可說是輕鬆愉快；直到 1972 年秋天，姐夫離開教職，加入西屋公司核能發電部門工作；一家人搬到匹茲堡，我才真正開始過自己買菜、做飯、洗衣服的留學生生活。

苦心為兒女，難免嘆空巢

　　上個世紀 1960 和 70 年代，在台灣許多的父母親都期望把孩子送到美國留學、工作，然後入美國籍、留在美國。從這方面來看，我們一家五個小孩都沒有讓父母親失望；他們也成為朋友們羨慕的對象。然而，他們為兒女著想、鋪路，結果卻一步步將他們自己的家庭挖空，為自己挖出了一個空巢。外表上，他們兒女都有出息，在美國賺美金，老人家自己卻缺乏兒女在身邊照應，有著老年人孤獨的遺憾。只是，天下父母心，又有幾個父母會為自己著想呢？尤其是我們的父母。

　　過了一整個世代；幾十年後，繞過了半個地球，我們幾個兄弟，也都像我們的爸媽一樣，總是把兒子、女兒送到最好的大學讀書，也都鼓勵孩子們到最適合他們發展的地方工作。我們也都學習我們的父母，不把兒女綁在身邊。結果，我們也是和我們的父母一樣，鼓勵孩子們向外發展，將我們自己的家變成了空巢。除了小弟的女兒外，我們沒有一個人的孩子與父母住在同一個城

市。

讓我遺憾的是：我們的兒女們，都生活成長在美國；我們這一代人對祖國故鄉的牽掛與歸屬感，在他們的身上已經淡忘、消失了。我們的孫輩們都出生在美國，就更不用說了。可悲的是，我們的孫輩只會說簡單的中文。已經沒有幾個人會寫「我姓周」這幾個字了。

寧波老家的大媽媽在世時，常感嘆她的兩個兒子沒有像爸爸在台灣的幾個孩子，有那麼好的求學和發展的機會。那的確是事實。但是，今天看來，兩位哥哥都有兒孫們環繞身邊，天天都能享受天倫之樂。而我們在美國的幾個兄弟，都與自己的兒孫分隔千百里，一年沒有幾天能與兒孫們相聚在一起。

人們都說，老年人最大的福氣就是有兒孫在身邊。我們的物質生活要優於在灣塘鄉下的兩位大哥哥；然而，比較起來，到底是哪一個世界的周家老人更幸福呢？尤其，我們和我們的子孫們在美國或多或少還會遇到一些對亞裔歧視的困境。

我們的父母辛苦一輩子，將我們送出國，為自己留下個空巢；而我們這一代也跟著父母的腳步，忙碌於這個遠方的國度，一步步將自己的家挖空。1950 年代初，武漢的周家變成了台灣的周家；三十年後，我們自己將台灣的周家連根拔起，移植到太平洋的彼岸；台灣的周家變成了美國的周家，再變成了幾個空巢的小周家。

今天，台灣長大的周家兄弟們都已經是八十上下的老年人了。幾年後，我們可能陸續都會需要有人幫忙照顧生活；到了那

個時候，我們就不會像寧波的兩位哥哥，有子孫在身邊照應。

當我們的父母離開大陸輾轉遷居台灣，主要是為了躲避戰亂和對共產黨的不安和恐懼。而我們這一代，到美國留學並移民美國，則是為了有一個更安定更富裕的安身之地。由於我們是在內戰之後才隨父母移居台灣，正如同許多其他的「外省第二代」，我們對於台灣這塊土地的認同度就不如那些幾代前就到台灣的「台灣人」。

從狹隘的家庭角度看，我們在美國已經落地生根，開支散葉。我們也已經把他鄉變故鄉。然而，從長遠來看，儘管我們這一代仍然保留著中國人的認同，也盡力保留著寧波人的一些傳統，但是，我們的兒孫輩呢？

我們的父母在美國共有十一個孫輩，其中有幾個已經不會寫這個「周」字了。即使會寫，可能也不會了解我們「周家」的家史和周家先人為周家子子孫孫所累積的周家傳統與價值。

的確，在我們成長的歲月裡，我們過著比寧波鄉下的兩位大哥更平順、舒適，而且富裕得多的日子。然而，當我們這一代漸漸接近了人生的終點，他們卻更能維繫並享受周家的傳統。兩位兄長才是真正地在守護著周家這棵大樹，灌溉著周家這棵大樹的根！

近三年來，因為新冠病毒疫情肆掠，加上部分美國政客偏見與媒體的不實宣傳，美國社會普遍洋溢著對亞裔，尤其是華裔族群的歧視與敵意。我們千里跋涉地來到美洲大陸追求好的發展機會和安全的生活；經過幾十年的奮鬥，我們卻面臨到前所未有的

挑戰與不安。

　　由於疫情影響，美國經濟面臨到空前的困境；由於高度的通貨膨脹，一般民眾都生活拮据。美國的疫情與經濟困境造成社會治安惡化與種族及階級矛盾日增；我們幾個兄弟漸漸發覺，我們今天的生活環境反而不如我們離開了的台灣和父母親離開了的中國大陸。

　　這就是我們這個一再遷徙的周家，這一代和下一代成員所面對的現實和困境。我們已不可能再走回頭路。

書後感

　　2008 年秋天，我和宛如抱著滿懷的興奮與好奇到寧波灣塘村老家去拜訪素未謀面的兩位同父異母的大哥哥。我本來只是想認識這兩位兄長以及他們的家人，話話家常；沒有想到，經過十五年裡七次的返鄉探親，我與他們卻建立起了極為深切的兄弟情誼。雖然從未一起生活過，但是那份與生俱來，血濃於水的骨肉親情，卻把我們緊緊地綁在了一起。

　　同樣都是爸爸的親生兒女，兩位大哥早年在寧波老家掙扎求生，度過了極端困苦的幾十年。我們在台灣的五個弟妹們，在父母的呵護下，過著無憂無慮的小康生活，接受了完整的教育。

　　我們這個大周家的成員們，在台灣海峽兩岸，兩個不同的世界裡，經歷了兩個截然不同的成長歷程。

　　純就物質生活來講，爸爸在台灣海峽兩岸的孩子們，在成長歲月裡，有著完全不同的生活環境及體驗，如果用天壤之別來形容，亦不為過。

　　在大陸成長的兩位哥哥，都親身經歷過無數的政治革命和社會動盪，更承受了「海外關係」帶給他們的不公平待遇。而在台灣的我們，則是風平浪靜，在父母親的呵護下，過著平順的生活，容許我們盡量學習、盡情發揮。

　　如果我用「水深火熱」四個字來形容大媽媽和她的兩個兒子早年在寧波老家的生活，絕不為過。直到大陸政府實施改革開放政策，才終於讓他們的生活得到了顯著的改善。雖然他們並非國家改革開放政策下最大的精英階級受益者，但是他們今天的生活絕不會比台灣一般的民眾過得差。

　　兩位哥哥過了那麼多年的苦日子，最令我感動的是：他們對於我們的父母仍然充滿著敬意與懷念，沒有一絲一毫的怨懟之心。對待我們幾個弟弟，他們就像是對待一起生活長大的親兄弟；非常親切、關懷備至。

　　大哥的大兒子吉牛，就曾寫信告訴我，他的爸爸和叔叔，對於我們幾個不是一起吃苦長大的弟妹們，絲毫沒有一點妒忌之心；他們認為這一切都是內戰和政治動亂造成的。他們也相信，在爸爸的內心裡也是充滿著無助與無奈。

　　今天，太平洋兩岸的兄弟們，都已經有了自己的下一代和再下一代，生活水平也已經比較拉近。雖然，在美國的兄弟們物質生活仍然比在寧波的兩位大哥哥要好一些，但是兩位哥哥家庭生活的幸福度，卻可能比我們在美國的幾個弟妹們更好。

　　在寧波，兩位哥哥的兒孫們都在身邊。雖然大嫂已經過世，大哥一個人過日子，但是兩個兒子和孫子們都經常回家去看望他、照應他，共享天倫之樂。二哥身體不好，已經住進敬老院，但是二嫂與兒孫們也是每天都去看望他。敬老院伙食每一頓都是三菜一湯，營養均衡，但是女兒吉娜常常帶著雞湯和魚蝦去為他加菜並陪他吃飯聊天。

　　在美國的兄姐弟們，都分散在美國各角落，極少相聚。我們也像一般西方人的家庭，與自己的兒孫們都分散居住在千百里之外。逢年過節或生日，能一起聚聚就已難能可貴；含飴弄孫的樂趣就更是可遇而不可求了。

　　我們在美國的兄姐弟們，也都已是七八十歲的老人了，未來

如果有個病痛需要照顧，我們這些兄弟們就只能自求多福了。由於居住上的距離，我們一旦有個病痛，兒女們想要照顧，也會是心有餘而人力不足。

　　過去十幾年裡我們幾次回到老家看望兩位大哥，總覺得他們真是很有修養，又有長兄的風範。每次返鄉，大哥都會即席賦一首詩來紀念兄弟相逢的情誼。兩位大哥都只讀到初中畢業，但是他們的中文程度絕不遜於我們這些有博士、碩士學位的弟妹們。兩位長兄對我們這些弟弟們的親情與友愛，讓我們幾個做弟弟的

2010 年 11 月，美國的三個弟弟帶著家人回到寧波老家紀念父親大人的百歲冥誕，大哥即席寫下這首詩，作為留戀。

非常感動。

　　我們都深深地感受到：大媽媽一定給了兩位哥哥最好的家庭教育，使他們在不公平的生活環境下仍然奮鬥不懈，而且心胸寬大。他們這份無私無求的友愛之心，令我深深感動；也激發我起心動念，想為他們的一生、為我們分散在兩個世界的周家人，做一份忠實的紀錄。

　　我們幾個兄弟姐妹都有最愛我們的父親，也有兩位為我們付出一切、犧牲一切的母親。命運作弄，兩位大哥自幼就失去了父親在身邊的愛護與照顧。兩位大哥與我們在兩個完全不同的世界裡長大成人；然而，透過父親與兩位母親在天之靈的安排，卻讓我們兄弟們在耆老之齡能夠相聚相識，建立起了密切的兄弟之情。談到這一點，兩位哥哥和我們都特別感激父親和兩位母親在天上的庇佑與安排。

平生第一次用心寫作

　　我在台灣讀國立政治大學新聞系，畢業後在美國西維吉尼亞大學拿到新聞學碩士學位。在這兩個階段的學習，我都是主修採訪與寫作。然而，由於一些命運的偶然，除了在台灣的中央通訊社做了五年半的英文編輯，在英文中國郵報兼職做了大約兩年英文編輯外，我幾乎和新聞工作沒有什麼緣分。尤其是我所嚮往的採訪報導與寫作，幾乎更是連碰都沒有碰過。

　　當年參加台灣的大學聯考時，我將政大新聞系選為我的第一志願，而且高分錄取。我當時的夢想是：有一天能夠像上海大公報張季鸞或紐約時報報人 James Reston 一樣，成為人人敬重的記者和專欄作家。記得大三時，有一次在編輯採訪課堂上，老師突然提問：「哪些同學計劃以後終身從事新聞工作的請舉手。」我毫不猶豫，馬上就舉起右手。往四周一看，發現我是全班唯一舉手的人，頓時覺得有點臉紅、尷尬，馬上將手放下。誰料到，我竟會成為新聞界的一個逃兵。相反地，許多那天沒有舉手的同學都終身奉獻於新聞工作，而且卓然有成。

　　為了讀個高一點的學位並進修英文，我政大畢業，服了一年兵役後，就飛到美國讀碩士。花了兩年，我拿到碩士學位。在美國讀完碩士後，透過爸爸一位朋友的幫忙，我於 1973 年進了台北的中央社當特約英文編輯，因為那個年代，台灣英文流利的人不多，留學回來的我，薪水是同事、同學們的一倍，而且工時又短，很快就結婚成家了。那段平順幸福的生活很快就麻醉了我，以前那些偉大的志向，早就被拋到了九霄雲外。

　　1983 年，我移民到美國定居，轉入金融業。三年後，又轉進印刷業，一做就是三十多年。三十年前偶爾還會有點想從事新聞工作的衝動；但是，安於順遂的工作、事業和優渥的收入，加上自己安於現實的惰性，從事新聞與寫作工作的那個夢想，就離我越來越遠了。老實說，因為從未經歷新聞工作的磨練與奮鬥，放棄那個年輕時的夢想，對我並沒有造成多少心理上的糾結或掙扎。好像我從來就不曾有過那個夢想，那個志向似的。

起心動念為親恩

　　誰料到，六十一歲時的那次老家之行，以及隨後的幾次返鄉，讓我對爸媽的思念之情，與日俱增，對大媽媽和兩位大哥一生所經歷的苦難，也感觸日深。這份追念與感觸，令我起心動念，並悄悄地澆活了埋藏在我內心深處，早已乾枯的那顆寫作慾望的種子。

　　我決定要寫一本書，記錄在兩個截然不同的世界裡，周家三代人的生活與經歷：我們的苦與樂，我們的成與敗。我們海峽兩邊家人的苦樂和成敗，離不開我們生活的社會，所以，在書裡面我也敘述了一些時代背景；也在行筆時對當時的時代背景和今日的時事加了一些個人的感觸與評論。這些評論反映著我個人的經歷，己身的國家認同與主觀的價值；如有偏頗不周之處，希望讀者見諒。

　　為了寫這本書，我又將塵封多年的家書都拿出來細讀了幾遍，其中包含了五十年多前留學時代與父母、姐姐、兄弟之間的每一封信。留學的兩年裡，我每週都寫信回家報平安，爸媽也每週回信關心和鼓勵我。那時，準時寫家書是我的例行工作，每週仔細閱讀爸媽的來信，也是對我這個遠方遊子最大的的心理慰藉與鼓勵。今天再重讀那些家書，卻帶給我更多的感觸，令我更深切地感激父母的親恩。

　　看到那時爸爸媽媽對於我求學和暑期打工的操心與關懷，躍然紙上；看到他們計劃賣掉他們在台北唯一賴以安身的公寓房

子，為我籌集攻讀博士的學費和生活費，令我更深深地體會到浩翰的父母親恩。好在我後來決定不讀博士，才沒有消費掉他們唯一的一間老窩。

真恨自己為什麼在他們離開了幾十年後，才深切地體會到「子欲養而親不在」的遺憾！為什麼他們在世時，沒有更盡心地孝順他們？為什麼以前常為了些小事與父母頂嘴？為什麼沒有當著他們的面多說幾次「謝謝爸爸媽媽」？中國人有句古話說：「養兒方知父母恩」，為什麼在兒女都成年之後我才真正體會到父母的親恩？為什麼我是那麼的後知後覺？

寫這本書的過程裡，我最大的收穫是，又一次親身體驗到爸爸媽媽辛勞的一生。他們經歷一再的戰亂，一再的逃難和播遷，一次又一次的挫折，一次又一次的重起，唯一不變的就是他們對我們幾個兒女們無限的愛與犧牲。因為父母的愛與犧牲，才讓我們幾個兒女們能享受到完整的教育和豐富的人生。

自我的期許，懷念與感恩

寫這本書的時候，我一再提醒自己要忠於事實，要忠誠完整地記錄兩地周家人的生活，要為我們周家後代留下一份我們這兩代人的生活紀實。

然而，在寧波周家的部分，因為我沒有親身經歷過那些苦難的歲月，一切的敘述都是靠著兩位兄長的回憶。而兩位兄長都已

是九十上下的高齡，有些記憶不免會被歲月沖淡，有些細節也未必完整；加上我的提問也未必周詳，所以本書必有許多疏漏不足之處。我要真誠地感謝兩位大哥的幫助，也要感謝在台灣一起長大的姐姐和兄弟們；沒有他們分享的回憶與記事，在台灣的部分也不可能完成。

當然，最後我更要誠懇地指出：這本書裡面，任何的疏漏和錯誤，都應該由我自己完全負責。

兩岸周家因為父親不懈的努力而得以成長發展；兩岸的周家因為兩位母親的愛與奉獻，才得以成長茁壯，並在台灣海峽兩岸乃至太平洋兩岸開枝散葉。這些都是我希望透過這本書，能留給周家後人對先人的認知與感念。

大媽媽和兩位哥哥幾十年的苦難中顯示出這三位不平凡的母子，在那個扭曲的時代裡不屈不撓的奮鬥。從抗戰初期，一直到1970年代末，整整四十年裡，他們總是守法守紀，勤奮工作。一個新的政府進來，一個新的政策下來，他們就像是一片片水上的浮萍，隨著水流，四處浮沉、力求能攀附著一根浮枝或一枝樹根而不被覆滅。

好在經歷無數的狂風暴雨，無論水流多麼湍急，在灣塘溪畔的那棵周家大樹的根從未被打斷過。經過幾十年的風吹雨打，一直在灣塘溪畔，頂著風雨，成長茁壯。無論環境多麼艱難，我們的大媽媽和兩位哥哥，從來就沒有放棄對生命的堅持。他們對周家「勤奮努力，寬厚待人，愛家顧家」這個傳統家風的維護，從未動搖。

　　母慈子孝，兄友弟恭這八個字一直維繫著這個困難重重，坎坷不斷的家庭。文革時代，一些智盲的青年，甚至凌辱自己的父母親，鬥爭自己的親兄弟；寧波周家的寧武寧江兄弟倆卻在困境中更加友愛，對母親也是事親至孝。即使是因旅居海外而令他們遭受歧視的父親，他們非但毫無怨言，反而總是充滿思念與敬意。

　　寫這本書的過程中，我常常問自己：如果 1958 年那次偷渡沒有成功，而被遣返回去，日後我經歷他們所經歷的大躍進、文革等一切動亂，以我這個尖銳反骨的個性，我會熬得下來嗎？如果真的熬了下來，我會和兩位哥哥一樣，和善又親切地對待我在台灣長大的兄弟們嗎？我真的非常懷疑，自己會有那份胸懷、那份修養！

　　因為要寫這本書，我又從頭再讀過幾本文革時代的傷痕文學作品，也再次溫習了中國的近代史。除了記錄兩個周家的生活之外，我也希望這本書能與那個時代的歷史環節有一些連接。

　　寫到這裡，回顧我們父母的一生，他們真是中國歷史上，受到最多戰亂影響的一代人。他們年幼時一定做夢都不會想像到，自己的一生會從故鄉幾度輾轉播遷到一個陌生的台灣島。爸爸也不會料到他會在這個小島上終老。媽媽更不會想到她會客死太平洋彼岸的異鄉。

　　當爸爸媽媽 1950 年離開武漢時，他們有與他們的媽媽和家人做最後的告別嗎？跟日本人也才打了八年，跟自己中國人怎麼會打上一輩子呢？當媽媽 1952 年底帶著四個年幼的孩子乘船離

開香港時，她怎麼會想到那次竟是她與故土的最後一次告別。

當媽媽於 1982 年離開台灣，移居美國時，她怎麼也不會料到，她生命的最後二十多年裡，連台灣都沒有再回去過，更遑論大陸上的第一和第二故鄉了！

這就是上一代周家人的宿命。

我們這一代的周家人還在「中國人」、「美國人」之間徘徊。我們盡力維護我們中國人，寧波人的傳統與價值。我們的兒女輩

中國古人都要落葉歸根，但是我們的父母親都安葬於美國東岸紐澤西州郊區的公墓。

就已經是華裔的美國人了。我們的孫輩長大後就已經不會有什麼中國人的印記了。我將來都不知道要怎麼跟孫輩們解釋我們是寧波人了！當然，在寧波鄉下的周家子孫輩，還是地地道道的中國人，寧波人。

向好友致上最衷心的感激

最後，我要向我的好友黃肇松教授致上最誠摯的感謝。朋友們口中的肇公，拿到政治大學新聞研究所碩士學位後，除了短暫幾年服務於政府部門外，終身從事新聞工作。他是台灣新聞界的翹楚。肇松先後擔任中國時報副總編輯、總編輯與社長。晚年，先後從時報集團執行長和中央通訊社及中華日報董事長職位上退休之後，他轉換跑道，在大學執教，為新聞事業做育英才。

承我力邀，肇松兄於百忙之中抽空為我做序，審閱初稿，並提供許多寶貴的意見。在此，我要向肇松兄再獻上最誠摯的感謝！在審閱初稿過程中，肇松並邀請他的好友台大新聞研究所朱賜麟教授共同出力，為我提供諸多寶貴的指教。在此，請容我一併向朱教授致上最高的謝意。

People 519

百年周家兩個世界：中國大動盪中一個家庭的悲歡離合

作　　者—周　奇
照片提供—周　奇
責任編輯—陳萱宇
主　　編—謝翠鈺
行銷企劃—陳玟利
封面設計—陳文德
美術編輯—菩薩蠻數位文化有限公司

董 事 長—趙政岷
出 版 者—時報文化出版企業股份有限公司
　　　　　108019台北市和平西路三段二四〇號七樓
　　　　　發行專線—（〇二）二三〇六六八四二
　　　　　讀者服務專線—〇八〇〇二三一七〇五
　　　　　　　　　　（〇二）二三〇四七一〇三
　　　　　讀者服務傳真—（〇二）二三〇四六八五八
　　　　　郵撥—一九三四四七二四時報文化出版公司
　　　　　信箱—一〇八九九 台北華江橋郵局第九九信箱
時報悅讀網—http://www.readingtimes.com.tw
法律顧問—理律法律事務所 陳長文律師、李念祖律師
印刷—勁達印刷有限公司
初版一刷—二〇二四年四月十九日
定價—新台幣五二〇元
缺頁或破損的書，請寄回更換

百年周家兩個世界：中國大動盪中一個家庭的悲歡離合
/周奇作. -- 初版. -- 台北市：時報文化出版企業股份有限
公司, 2024.04
　面；　公分. -- (People ; 519)
ISBN 978-626-396-043-5(平裝)

1.CST: 周氏 2.CST: 家族史 3.CST: 傳記

544.2933　　　　　　　　　　113002773

ISBN 978-626-396-043-5
Printed in Taiwan